Reinhold Ruthe
Sechs Wege aus dem Selbstbetrug

Reinhold Ruthe

Sechs Wege aus dem Selbstbetrug

Vom richtigen Umgang mit Ärger, Gesundheitswahn, Perfektionismus, Zweifel, Willensschwäche, Lebenslügen

Brendow
Buch · Kunst · Verlag

Die Deutsche Bibliothek – CIP-Einheitsaufnahme

Ruthe, Reinhold:
6 Wege aus dem Selbstbetrug : vom richtigen Umgang mit Ärger, Gesundheitswahn, Perfektionismus, Zweifel, Willensschwäche und Lebenslüge / Reinhold Ruthe. - Moers : Brendow, 1998
(Edition C : M ; 237)
ISBN 3-87067-744-9

ISBN 3-87067-744-9
Edition C, M 237

Einbandgestaltung: Kortüm + Georg, Agentur für Kommunikation, Münster
Satz: Convertex, Aachen
Druck und Bindung: Ebner Ulm
Printed in Germany

Inhalt

Vorwort

Der Weg der Christen und Nichtchristen ist mit Lebenslügen gepflastert. Es handelt sich dabei um raffinierte Selbstbetrugsmanöver, mit denen wir uns schützen. Nicht *bewußte* Lügen machen uns am meisten zu schaffen, sondern *unbewußte* Selbstäußerungen, an denen wir unerschütterlich festhalten. Wir *glauben* an diese Vorstellungen. Wir rechtfertigen uns mit diesen Behauptungen. Und doch liegen wir damit falsch. Subjektiv reagieren wir ehrlich, objektiv stimmen unsere Ansichten nicht.

- Lebenslügen sind *Überzeugungen*, die wir für richtig halten.
- Lebenslügen sind *Vorurteile*, die wir nicht loslassen können.
- Lebenslügen sind *Selbsttäuschungen*, an die wir fest glauben.
- Lebenslügen sind *Selbstrechtfertigungen*, die uns jederzeit zur Verfügung stehen.
- Lebenslügen sind *Selbstindoktrinationen*, die unser Weltbild prägen.
- Lebenslügen sind *Einbildungen*, die wir allerdings für wahr halten.
- Lebenslügen sind irrige Annahmen, Fiktionen, die uns das Leben erleichtern sollen.
- Lebenslügen verstecken sich auch in unseren Neurosen, in unseren seelischen Störungen, in unseren hausgemachten psychischen Konflikten. Wie sagte Abraham Maslow: »Der Neurotiker ist nicht emotional krank – er befindet sich kognitiv im Irrtum.«

Lebenslügen und Persönlichkeitsstörungen gehen oft Hand in Hand.

Persönlichkeitsstörungen sind brauchbare Ausreden, um sich im Leben zu drücken,

Persönlichkeitsstörungen, die Lebenslügen im Handgepäck haben, nützen den Menschen, Verantwortung abzuschieben. Persönlichkeitsstörungen als irrationale Überzeugungen dienen den Menschen, den Anforderungen des Lebens auszuweichen.

Lebenslügen sind gefährlicher als bewußte Lügen. Programmierte Lügen sind eindeutig Sünden, sie verstoßen gegen Gottes Gebote. Irrationale Überzeugungen, die uns als Lebenslügen den Alltag erleichtern sollen und die wir als Christen für wahr halten, haben sich als versteckte Irrtümer in unser Leben geschlichen. Oder sind wir keine Lügner, wenn wir an Glaubenssätzen kleben, die wir reinen Herzens vor uns hertragen? Wie heißt es in einem Psalm? »Glücklich der Mensch, dem der Herr die Schuld nicht zurechnet und in dessen Geist kein Trug ist« (Psalm 32, 2). Wörtlich: In dessen Geist kein *Selbstbetrug,* kein *Falsch,* keine *Selbsttäuschung* wohnt.

Zum wirklichen geistlichen Leben ist eine »innere Läuterung« vonnöten. Der Franziskanerpater Richard Rohr formuliert sie so: »Das Böse und die Finsternis hat nur eine einzige Möglichkeit, sich in unserem Leben einzunisten und es unter Kontrolle zu bringen. Es muß sich verkleiden.« Thomas von Aquin sagt: »Wir alle wählen etwas, was gut zu sein *scheint.* In unserer internen Logik rechtfertigen wir alles damit, daß es gute Gründe dafür gibt. Du lebst nicht frei, bevor du nicht frei von dir selbst bist. Und die erste Aufgabe der Spiritualität besteht darin, die Abhängigkeit von uns selbst zu durchbrechen. Traditionelle Spiritualität hätte das den ›Weg der Läuterung‹ genannt. Zunächst muß die Lüge aufgedeckt und zurückgenommen werden, bevor sie auf die Wahrheit bauen können.«[1]

Viele Christen wollen diese Lebenslügen und Lebensirrtümer nicht sehen. Sie verdrängen und ignorieren sie. Der Feind schläft nicht. Er verkauft uns sogenannte geistliche Wahrheiten in versteckter Form.

Wollen wir der Wahrheit ins Auge schauen und frei werden von Lebenslügen?

»Tief unten rumorte der Riese«

Vom richtigen Umgang mit Ärger

Sie können machen, was Sie wollen, Ärger ist ein Bestandteil des menschlichen Lebens. Ärger liegt von morgens bis abends auf der Lauer.

- Sie hören den Wecker nicht.
- Sie schütten schwarzen Kaffee auf ihr blütenweißes Oberhemd.
- Sie verpassen den Bus.
- Ihr Wagen springt nicht an.
- Ihr Computer läßt einige schwer erarbeitete Seiten spurlos verschwinden.

Diese Liste ließe sich beliebig verlängern: Ärger ist allgegenwärtig, Ärger ist menschlich und gehört zum Leben dazu, unausweichlich.
Doch wie gehen wir damit um? Die einen ärgern sich schwarz, die anderen werden aggressiv, manche überspielen oder reagieren mit Magenschmerzen, wieder andere können das »Unglück« nicht vergessen, und selbstverständlich gibt es auch Menschen, die alles gelassen hinnehmen.

»Tief unten rumorte der Riese Ärger«

Im Leben des einzelnen und im Zwischenmenschlichen spielt Ärger eine entscheidende Rolle. Ärger ist eine gefährliche Energiequelle. Der falsche Umgang mit Ärger zerreißt die Beziehungen zu Eltern, Partnern, Arbeitskollegen, Nachbarn

und guten Freunden. Schlecht verarbeiteter Ärger macht aggressiv oder krank.
Ich lese ein interessantes Buch, das den »Kampf und Sieg« über sich selbst beschreibt. Im Mittelpunkt steht eine erschütternde Geschichte vom unterdrückten Ärger. Da heißt es: »Leonhard Holt war ein Musterbeispiel an Ehrbarkeit. Er war ein hart arbeitender Labortechniker in mittleren Jahren. Als Leiter einer Pfadfindergruppe, liebevoller Vater, Mitglied der örtlichen Feuerwehr und regelmäßiger Kirchgänger wurde er in seiner Gemeinde als Vorbild betrachtet. Bis dieses Bild in einer gut geplanten Stunde des Blutvergießens an einem frischen Oktobermorgen platzte. Holt beschloß, eine Ein-Mann-Revolte in Szene zu setzen gegen eine Welt, über die er sich innerlich ärgerte. Als tüchtiger Scharfschütze stopfte er sich zwei Pistolen in seine Manteltaschen – eine 45er Automatik und eine Smith & Wesson 38 –, bevor er in seinem Kombi zur Fabrik fuhr. Leises Parken, ein Griff mit jeder Faust nach einer Waffe, und dann schlich er in den Laden. Er begann mit solch einem Wahnsinn zu schießen, daß es einer Szene aus dem billigsten Krimi gleichkam. Etliche seiner Kollegen erreichten zwei oder drei Kugeln, zusammen mehr als dreißig Schüsse feuernd ... Vollkommene Verwirrung fegte über die Nachbarschaft. Tief unten, in Herz und Seele von Leonhard Holt rumorte der Riese Ärger.«[2]

Was brachten die anschließenden Untersuchungen an den Tag?
- Leonhard Holt lebte nach außen wie ein Mönch, und innen kochte ein mörderischer Haß.
- Holt war bei der Beförderung seiner Kollegen übergangen worden. Einige Opfer waren ihm inzwischen vor die Nase gesetzt worden.
- Im Auto fuhr er aggressiv und gefährdete nicht selten andere Verkehrsteilnehmer.
- Äußerlich strotzte der Mann vor Ehrbarkeit. Er strahlte die Menschen an, und keiner hätte geglaubt, was tief in ihm rumorte.

– Er war ein leidenschaftlicher Leiter der Pfadfinder, ein lobenswerter Mitarbeiter, ein freundlicher Mitmensch.
– Holt hatte seinen abgrundtiefen Ärger vergraben, der wie ein gebändigter Riese auf der Lauer lag.

Doch eines Tages brach der Riese Ärger mit vulkanischer Kraft aus. Einige Tote blieben auf der Strecke. Selbst wenn die Geschichte erfunden wäre, spiegelt sie die gefährliche Energie wider, die großen Schaden anrichten kann, wenn Ärger überspielt, verleugnet oder ins Vergessen abgeschoben wird.

Ärger ist im menschlichen Leben unvermeidbar. Entscheidend ist,

– daß wir ihn *wahrnehmen*,
– daß wir ihn *ernstnehmen,*
– daß er nicht *verdrängt* und *verleugnet* wird,
– daß wir ihn nicht *überspielen* und als Bagatelle beiseite schieben.

Blind vor Wut

Ärger macht reizbar. Er lähmt das sachliche Urteilsvermögen. Ärger verringert die Gelassenheit. Ärger und Wut machen blind.

Ich las eine kleine Begebenheit über blindwütigen Ärger. Die Familie sitzt sonntags nach dem Gottesdienst ruhig und zufrieden am Tisch. Alle haben frische Wäsche und saubere Kleider an. Der Hausherr, ein etwas herrschsüchtiger und strenger Geschäftsmann, hat sich die Soßenschüssel genommen und läßt den dunklen Saft vom Löffel, den er sehr hoch über die Kartoffeln auf dem Teller hält, ablaufen. Einige Spritzer fliegen auf sein blütenweißes Hemd. Die Hausfrau beobachtet das und sagt verschnupft: »Kannst du denn nicht etwas besser aufpassen?« Die Kinder lachen, und der Vater läuft augenblicklich im Gesicht rot an. Dann steckt er alle zehn Finger in die Soßenschüssel und ruft blind vor Wut: »Ich kann mit der Soße machen, was ich will. Ich kann sie essen und mich damit bekleckern.« Gesagt, getan – alle zehn Finger zieht er mit Soße beschmiert aus der Schüssel und streicht sie mehrere Male hintereinander über das ehemals blütenweiße Hemd. Alle starren den Vater entsetzt an. Die Szene ist zum Lachen und zum Weinen. Ein ärgerliches Mißgeschick macht wütend. Ruhe, Überlegenheit und Gelassenheit sind dahin. Wird das Ärgerliche dann noch kritisiert, platzt häufig eine Bombe.

- Blind vor Wut passiert etwas Verrücktes.
- Blind vor Wut fallen die Regeln des Anstandes.
- Blind vor Wut kapituliert die Beherrschung.
- Blind vor Wut wird gegenseitiges Verständnis abgelegt.
- Blind vor Wut fühlt sich der Mensch angegriffen und verletzt.

Bruce Marshall, ein namhafter amerikanischer Schriftsteller, erzählt in einem seiner Bücher von einem Patienten im Krankenhaus, der Atheist war, weil der Großvater sein bestes, seidenes Taschentuch einem Priester geliehen und es nicht wiederbekommen hatte. Eine solche Geschichte klingt lächerlich. Aber wir ahnen, wie selbstschädigend kleiner Ärger sein kann, welche Folgen der Ärger in Herz und Nieren hervorrufen kann. Schlecht verarbeiteter Ärger ist in der Tat ein schlecht verarbeiteter Zündstoff.

Warum ist es falsch, Ärger herauszuschreien?

Ärger ist ein allzumenschliches Problem. In der Ehe, im Privatleben, auf der Arbeitsstelle, im Straßenverkehr, im Kaufhaus – überall haben wir Gelegenheit, uns zu ärgern.
»Fehler: Laß deinen Ärger raus!« – Unter dieser Überschrift haben zwei amerikanische Wissenschaftler den Ärger markiert. In einem Buch setzen sich die beiden mit Lebensirrtümern auseinander. Sie schreiben:
»Sie glauben:
1. Es ist völlig normal und gesund, sich zu ärgern.

2. Wenn du dich ärgerst, ist es das Beste für dich, den Ärger auch frei von der Leber weg rauszulassen.
3. Wenn dich jemand frustriert oder geärgert hat, dann ist es ratsam, deinem Ärger Luft zu machen und ihn oder sie anzuschnautzen.
4. Du kriegst die Oberhand, wenn du andere anschreist.

Glauben Sie irgend etwas davon?«[3]

Beide Autoren lehnen das »Dampfablassen« ab. Beide bestreiten energisch, daß Wutausbrüche, ärgerliche Stellungnahmen und Schimpfkanonaden etwas Gutes bewirken.

Sie betonen:
- daß man seinen Verdruß konstruktiv und in einer direkten, sachbezogenen Stellungnahme äußern kann;
- daß Vorwürfe, Anklagen und böse Gefühlsausbrüche nur weiteren Ärger anrichten;
- daß rausgelassene Wut nur ein Zeichen ist, die Kontrolle verloren zu haben;
- daß man sich zwar einen Augenblick innerlich besser fühlt, wenn man Ärger rausläßt, im Grunde aber die zwischenmenschlichen Beziehungen stört;
- daß man sich sagt, wenn man von Wut und Ärger eines anderen eingeschüchtert wird:

»Dieser Mensch fühlt sich wahrscheinlich bedroht und unsicher!«

Ärgergefühle sind normal, sie sind menschlich. Nur, wie wir damit umgehen, das sind Fragen, die uns beschäftigen müssen.

Können wir Ärger konstruktiv nutzen?

Was haben wir gelernt, um Ärger zu verarbeiten?
Wie lauten unsere Strategien, mit Ärger umzugehen?
Der amerikanische Psychologe Neil Clark Warren sieht im Ärger ein konstruktives Potential:
»Wenn Menschen ärgerlich und zornig werden, sind die Ergebnisse fast immer negativ, wenn nicht beängstigend. Doch

ist daran nicht der Ärger schuld. Im Gegenteil glaube ich, daß Ärger eine Fähigkeit ist, die Gott geschenkt hat – eine neutrale Kraft mit großartigem Potential. Wenn Menschen lernen, schöpferisch mit ihrem Ärger umzugehen, können sie die negativen Auswirkungen verhindern. Ich glaube sogar, daß Menschen frei werden, richtige Freude zu erleben, wenn sie lernen, ihren Ärger konstruktiv zu nutzen. Wir erlernen unsere Art, mit Ärger umzugehen. Sie ist uns nicht angeboren.«[4]

Warren geht davon aus:

– Ärger und Aggression sind verschieden.
– Ärger ist eine Reaktion auf Verletzungen, Frustrationen oder Furcht.
– Wenn Ärger sinnvoll genutzt wird, hilft er uns, uns mit der Ursache schmerzhafter Erfahrungen in unserem Leben auseinanderzusetzen.
– Aggression ist fast immer destruktiv.
– Ärger darf nicht in Aggressionen enden!

Wie können wir lernen, Experten im Umgang mit Ärger zu werden?

– Wut ist ein Signal, das wir hören sollten.
– Wut ist ein Signal, das zeigt, etwas ist nicht in Ordnung.
– Wut ist ein Signal, daß eine emotionale Hochspannung vorhanden ist.
– Wut ist ein Signal, das uns zeigt, wir sind mit etwas, mit einem Menschen, nicht einverstanden.
– Wut ist ein Signal, das gedeutet werden muß.

Wer Wut, Zorn und Bitterkeit verschweigt, lädt sich mit emotionalen Spannungen auf. Er ist gespannt und nicht locker, er ist gehemmt und nicht offen, er fühlt sich unter Druck und nicht gelassen. Schon das Alte Testament hat diesen Zusammenhang erkannt und folgerichtig argumentiert:

»Denn als ich es wollte verschweigen, verschmachteten meine Gebeine durch mein tägliches Klagen« (Psalm 32, 3).

Wir können auch übersetzen:

– da meldeten sich meine Organe zu Wort;
– da redete mein Körper.

»Die Wut im Bauch ist der Pfahl im Herzen«

So lautet der Titel eines Artikels in einer Zeitschrift. Der Autor faßt die Ergebnisse der Forschung in seinem Beitrag zusammen:

- Menschen, die schon beim geringsten Anlaß in Harnisch geraten und vor Wut kochen, schaufeln sich damit ihr eigenes frühes Grab.
- Ein Hang zum Ärger schlägt nämlich nach neuesten Ergebnissen auf Herz und Kreislauf. Er steigert das Infarktrisiko. Das gilt vor allem für Leute, die Ärger, Wut und Zorn nicht wahrhaben wollen: ehrgeizige, streßgeplagte, gehetzte, unter Zeitdruck stehende und sehr liebe Menschen.
- Es sind nicht in erster Linie die »Arbeitssüchtigen«, die vom Infarkt bedroht sind, sondern Menschen, die sich ärgern. Ärger und Wut sind – den Wissenschaftlern zufolge – gefährlicher als Rauchen und Bluthochdruck.
- Menschen, die dazu neigen, Ärger und Wut zu unterdrükken, reagieren am stärksten mit erhöhtem Blutdruck.
- Ärger läßt sich nicht nur am Puls und am Blutdruck ablesen, sondern auch an den sogenannten »bösen Blutfetten«. Menschen, die besonders zu Ärger, Wut und Bitterkeit neigen, zeigen im Blut die schädlichen Cholesterine. Auch die Herzleistung sinkt, und die Kardiologen diagnostizieren eine Blutarmut im Herzmuskel.[5]

Die Verhaltensmuster des Ärgers sind trainiert

Jeder Mensch hat Umgangsmuster erlernt, wie er mit Ärger umgehen will. Wenn wir aber unangenehme und destruktive Muster in unser Verhaltensrepertoire eingebaut haben, können wir sie auch wieder ablegen, wir können umlernen. Wir sind in der Lage, uns umzuprogrammieren. Niemand muß beispielsweise den Ärger aggressiv und gewalttätig ausleben. Kein Mensch ist an seine eintrainierten Strategien gebunden.

Wer Ärgerreaktionen mit Gewalt beantwortet, hat in der Regel von Kind auf solche Muster in seiner Umgebung vorbildhaft erlebt. Der kleine Mensch hat gelernt, *mit Gewalt* werden Probleme gelöst. Das Kind hat gesehen, daß Meinungsverschiedenheiten *mit Fäusten* geklärt werden. Kinder und Jugendliche beobachten, wie Väter mit ihren Frauen umgehen, liebevoll oder brutal. Sie erleben, wie Konflikte und Schwierigkeiten gelöst werden, mit Druck und Gewalt oder mit einfühlendem Verständnis.
Auch die Motive und der Umgang in der Schule, auf der Straße und im Freundeskreis beeinflussen die Verhaltensstrategien der Beteiligten. Das eine Kind lernt: »Geh sofort in die Offensive, greif an und spiele den Starken«; das andere Kind lernt: »Geh dem Konflikt aus dem Wege, zieh dich zurück«; ein drittes Kind lernt: »Sei das Opfer, stelle dich zur Verfügung, nimm alles auf dich«; ein viertes Kind hat das »Explodieren« trainiert, im Handumdrehen stauen sich Wutgefühle, und eine Bombe platzt. Die Logik ist bei allen verschieden. Die Erfahrung drückt jedes Kind anders aus. Und die Schlüsse, die Kinder und Erwachsene aus dem Miteinander ziehen, stehen sich hier diametral gegenüber.

Ärger ist mißratene Reue

Wer sich lauthals ärgert, trumpft auf. Wer schimpft und lospoltert, will sich behaupten und will recht behalten. Der Theologe und Pädagoge Gerd Schimansky schreibt an einer Stelle über den Ärger: »Ärger ist mißratene Reue, steht im Gegensatz zur Buße. Die ist ja, nach Luther, ›ein fröhlich Geschäft‹, ist kein religiöser Katzenjammer, da wird keine erbauliche Katerstimmung gepflegt. In der Buße beugt sich das Ich, im Ärger will es weiter herrschen, wenn auch auf höchst unglückliche Weise. Menschen, die sehr vorsätzlich leben, starr planen, Menschen auch, die allzu hoch hinauswollen, ärgern sich oft. Schneewittchens böse Stiefmutter, die die Schönste im ganzen Land sein möchte – immer, wenn sie in den Spiegel blickt, ärgert sie sich ganz schändlich, bis sie selber darüber zu Schanden wird. Hätte sie doch statt dessen, wenn auch traurig, gesagt: ›Ich bin nicht die Schönste, das ist schade, aber Schönheit ist auch nicht alles.‹ (Übrigens wird ein trauriges Gesicht manchmal sogar ein wenig schöner, ein ärgerliches nie.)«[6]

Ärger und Buße sind in der Tat Gegensätze. Ärger ist das Gegenteil von Buße. Wer seinem Ärger so richtig Luft macht, will keine Gesinnungsänderung, keine gedankliche Umkehr, er will den Ärger kultivieren.

Ärger und Ärgernis im biblischen Denken:
In der alten Luther-Übersetzung kommt der Begriff »Ärger« und »Ärgernis« häufig vor. Andere und neuere Übersetzungen benutzen verschiedene Begriffe. Ärger und Ärgernis beinhalten:

- Da ist eine Behinderung im Glauben.
- Es besteht eine Gefährdung der Beziehung zu Gott und Mensch.
- Eine Bedrohung liegt vor, die das Glaubensleben lähmt.

Mit anderen Worten: Mein Ärger bereitet mir Glaubensschwierigkeiten. Ich bringe andere damit in Konflikte. Ärger lähmt sofort die Beziehung zu Gott. Ärger steht dem lebendigen Gott im Wege. Einige Bibelstellen in verschiedenen Übersetzungen verdeutlichen, was die Bibel mit »Ärger« ausdrückt:

- »Und selig ist, der nicht Ärgernis nimmt an mir« (Matthäus 11, 6; Luther).
- »In dieser Nacht werdet ihr alle an mir irre werden« (Jörg Zink).
- »Und selig ist, der nicht an mir zu Fall kommt« (Julius Schniewind).
- »Und selig ist, wer an mir keinen Anstoß nimmt« (Zwingli).

Neben dem Wort »Ärger« sind die Hauptübersetzungen »Anstoß«, »Strick«, »Fallstrick« und »Irrewerden«.

»Wer aber einen dieser Kleinen zu Fall bringt (ärgert), die an mich glauben, dem wäre es ein Gewinn, wenn ihm ein Mühlstein um seinen Hals gehängt und er in die Tiefe des Meeres gesenkt würde« (Matthäus 18, 6).
William Barclay kommentiert diesen Gedanken Jesu so: »Bei dem *mylos onikos* handelt es sich um einen Mühlstein von solcher Größe, daß er durch einen Esel (*onikos* heißt im Griechischen Esel und *mylos* Mühlstein) in Bewegung gesetzt werden müßte. Die Größe des Mühlsteins ist ein Hinweis auf die Größe der Verdammnis. Weiter heißt es im Griechischen, ein solcher Mensch sollte im Meer ertränkt werden. Die Juden fürchteten das Meer; das Himmelreich war für sie ein Ort, an dem kein Meer sein werde. Wenn die Rabbinen lehrten, daß alles Heidnische zerstört werden müsse, sagten sie, es müsse ›in das Salzmeer geschleudert werden‹.«[7]
Wer Ärger anrichtet und Menschen vom Glauben abbringt, wer Ärger anrichtet und kleine, unschuldige Kinder verführt, muß die härteste aller Strafen erwarten. Jesus nimmt den Ärger viel ernster als wir.
Das Wort »Ärgernis« heißt im Griechischen *scandalon.* In folgender Belegstelle kommt es vor: »Denn das Wort vom Kreuz ist ein Scandalon (Torheit, Ärgernis, barer Unsinn) denen, die verloren werden; uns aber, die wir selig werden, ist es eine Gotteskraft« (1. Korinther 1, 18).
Oder das harte Wort Jesu an Petrus lautet: »Hebe dich, Satan, von mir! Du bist mir ärgerlich!« (Matthäus 16, 23).
In der Luther-Bibel kommt das Wort »ärgerlich« viermal vor. Statt »ärgerlich« verwenden wir auch gern das Eigenschaftswort »skandalös«. Erst ab dem 18. Jahrhundert ist das eingedeutschte Wort bei uns heimisch geworden.
Jeder hört heraus, daß das griechische Wort »Scandalon« Pate gestanden hat. Wenn wir im etymologischen Wörterbuch nachschlagen, das den Ursprung unserer deutschen Sprache nachweist, wird deutlich, daß das Eigenschaftswort »ärgerlich« zum ersten Mal 1492 in Nürnberg verwendet wurde.

Der Unterschied zwischen Ärger und Aggression:
Zweifellos können ärgerliche Menschen aggressiv werden. Unbeherrscht lassen sie ihre frustrierenden Gefühle heraus.

- Sie schleudern Geschirr wutentbrannt auf den Boden.
- Sie schlagen den Partner, ein Kind oder irgendeinen Mitmenschen.
- Sie fügen anderen Menschen seelische Schmerzen zu.
- Sie greifen das Gegenüber beleidigend und kränkend an.

Aggression ist in den meisten Fällen destruktiv und hat negative Folgen. Ärger ist unvermeidlich. Die tausend Mißgeschikke, kleinen Unglücke und ungewollten Pannen im Alltag lösen Ärger aus. Ärger ist eine angespannte körperlich-seelische Einstellung. Ein kleiner Alarmzustand, der den gesamten Organismus in Bereitschaft versetzt, so oder so zu handeln. Noch ist nicht entschieden, was er tun wird. Ärger vertreibt die körperliche und seelische Ruhe. Ein Spannungszustand entsteht. Leib und Seele sind vorbereitet, schmerzhafte, belastende und beängstigende Erfahrungen zu meistern. Das ist gut so. Denn wenn wir Verletzungen, Kränkungen und Frustrationen kommentarlos schlucken, werden wir krank. Die Möglichkeit, Ärger zu verarbeiten, ist eine Schutzfunktion. Wenn Ärger sich breitmacht, steht den Menschen eine enorme Kraft und Energie zur Verfügung, positiv oder negativ damit umzugehen. Die Biochemie unseres Körpers können wir nicht ohne weiteres steuern, aber die Reaktionen auf aggressive Gefühle. Wo kommen sie her? Fördern und kultivieren wir sie? Genießen wir Wut und Zorn? Wer Aggressionen pflegt, gibt seinem Verteidigungsmechanismus ständig neue Arbeit. Aggressive Gefühle werden zur Sünde, wenn wir der Feindseligkeit freien Lauf lassen. Unsere Feinde zu lieben, ist eine Revolution christlicher Liebe. Wir haben sie nicht im Blut. Wir können sie nur von Gott erbitten. »Versündigt euch nicht, wenn ihr in Zorn geratet!« Paulus unterstellt aggressive Gefühle, aber er spricht unseren Willen an, diese Gefühle nicht zur Sünde eskalieren zu lassen.

Denkanstöße

Ärgerliche Menschen richten in der Regel Schaden an – bei anderen und an sich selbst.
Aber sie können lernen, ihren Ärger schöpferisch zu kanalisieren, damit negative Auswirkungen verhindert werden. Was können sie tun, um den Ärger konstruktiv zu nutzen? Wie gelingt es ihnen, den Ärger unter Kontrolle zu bringen?

Denkanstoß Nr. 1: Sie entscheiden, wie Sie reagieren wollen

Es gibt nicht wenige Menschen, die ernsthaft glauben, sie könnten nicht aus ihrer Haut. Sie *müßten* so handeln, wenn sie es tun. Leider vergessen diese Menschen,

- daß sie sich an Strategien gewöhnt haben, die *automatisch* ablaufen, wenn Ärger, Wut und Zorn bei ihnen ausgelöst werden;
- daß sie diese Reaktionsmuster unter Umständen schon sehr früh abgeschaut, ausprobiert und gelernt haben;
- daß diese Strategien so einprogrammiert und verinnerlicht wurden, daß sie sich nicht vorstellen können, konstruktive und partnerschaftsfreundliche Muster dagegen einzutauschen.

Wenn die Bibel uns zumutet, Buße zu tun, das heißt, unsere Gesinnung zu ändern, unsere Reaktionsmuster umzuwandeln, dann geht sie davon aus, daß der Mensch das auch *kann.*
Wir haben uns bestimmte Denk- und Verhaltensmuster angewöhnt, also können wir sie auch wieder ablegen. Wir haben uns für Umgangsstrategien entschieden, die unserem Wesen entsprechen, also können wir uns auch für neue Muster entscheiden, *wenn wir wollen.*
»Willst du gesund werden?« fragt Jesus einen 38 Jahre alten kranken Mann. Will er gesund werden, oder will er lieber

krank bleiben, weil er vielleicht viele Vorteile davon hat? Er trifft die Entscheidung. Auch wir treffen die Entscheidung, Ärger- und Wut-Reaktionen, die lieblos sind und sich beziehungsstörend auswirken, zu ändern. Wir entscheiden, ob wir alles beim alten lassen oder unsere Strategien umstellen. *Glauben* wir, daß es möglich ist, oder bevorzugen wir die Ausrede, daß Gott unsere Persönlichkeit so und nicht anders gewollt hat?

Denkanstoß Nr. 2:
Stärken Sie Ihr Selbstbild!

Minderwertigkeitsgefühle und Selbstwertstörungen sind beliebte Verstärker für negative Ärgerreaktionen. Menschen mit einem schwachen Selbstwert mögen sich nicht leiden, kritisieren sich und andere und werten frustrierende und verletzende Erlebnisse als besonders tragisch.
Wer an sich *glaubt,* wer sich *mag*, wer zu sich *ja sagen kann*, wer weiß, daß er *von Gott geliebt wird*, kann Mißgeschicken, Herausforderungen, bedrohlichen und kränkenden Erlebnissen positiv begegnen. Wer zu sich ja sagt, weil Gott zu uns ja sagt, begegnet allen Vorkommnissen im Leben gelassener. Wie können wir unser Selbstbild stärken?

- Wir *glauben,* daß wir geliebt sind, wie wir sind.
- Wir *glauben*, daß Gott ja zu uns sagt, ohne Vorbedingungen.
- Wir *glauben*, daß wir uns seine Liebe nicht verdienen müssen.
- Wir *glauben*, daß wir nicht etwas Besonderes tun, sein oder anstellen müssen, um zur Gottesfamilie zu gehören.

Wer das glauben und leben kann, macht nicht aus Ärgernis-Mücken Elefanten. Ärger ist darum wie Herbstlaub, das uns auf Schritt und Tritt vor die Füße rieselt. Es strapaziert unser Leben, aber macht uns nicht kaputt.

Denkanstoß Nr. 3:
Nehmen Sie sich selbst an!

Können Sie vor dem Spiegel stehen – morgens oder abends, sich anschauen und sagen: »Doch, ich mag mich!« »Ich sage ja zu mir!« »Ich kann mich leiden!« »Ich bin im weitesten Sinne mit mir zufrieden!«?

Oder ziehen Sie Stirn und Nase kraus, laufen vor sich selbst weg und strecken sich die Zunge raus? Viele Menschen mögen sich nicht leiden. Sie sind mit sich unzufrieden und mäkeln an ihrer Figur, an ihren Haaren, an den Zähnen, an ihrem Leben und ihrer Einstellung zum Menschen herum. Sie strahlen Mißmut, Übellaunigkeit und Abwehr aus. Keine Frage, daß sie eher abstoßend als einladend wirken. Gleichzeitig sind sie beleidigt, daß andere Menschen sie ablehnen und ihnen aus dem Wege gehen.

Zufriedene Menschen, die dem lebendigen Gott und sich vertrauen, packen alle Aufgaben im Leben zuversichtlich an.

Zufriedene Menschen lassen sich nicht von kleinen Ärgernissen das Leben vergällen.

Zufriedene Menschen zweifeln nicht an ihren Fähigkeiten und Gaben und bringen sie in Familie, Gemeinde und Arbeitswelt zur Geltung.

Zufriedene Menschen denken und leben positiv, begegnen allen Herausforderungen konstruktiv und lassen sich von ärgerlichen Problemen nicht entmutigen.

Paulus weiß, welche Bedeutung die Selbstannahme hat. Er fordert uns geradezu auf:

»Nehmt euch gegenseitig an, so wie Christus euch angenommen hat« (Römer 15, 7).

Wer sich akzeptiert, akzeptiert auch den anderen. Wer sich annimmt, hat es wesentlich leichter, sein Gegenüber anzunehmen. Wer sich annimmt, dem gelingt es in der Regel, auf Ärger nicht wie ein wütender Stier zu reagieren. Er fühlt sich nicht herausgefordert und nicht provoziert.

Denkanstoß Nr. 4:
Überprüfen Sie Ihre unverstandenen Ziele in bezug auf Ärger!

Jeder Mensch handelt *zielbewußt.* Die Ziele sind den meisten Menschen in der Regel nicht im Bewußtsein. Sie handeln, *als ob* sie es wüßten. Irgend etwas wollen sie bezwecken. Eine Überzeugung, die sie nicht deutlich vor Augen haben, wollen sie leben. Wir alle verfolgen eine Spur und benutzen Verhaltensmuster und Strategien, die uns dem Ziel näher bringen sollen. Die Ziele können positiv oder negativ und die Verhaltensmuster konstruktiv oder destruktiv sein.

- Es gibt viele *Wege,* die ein Mensch beschreitet.
- Es gibt viele *Strategien,* die ein Mensch benutzt.
- Es gibt viele *Ziele*, die ein Mensch erreichen will, um mit Ärger umzugehen.

Mit dem Ärger werden die unterschiedlichsten Zwecke verfolgt. Wie können sie lauten?

Möglichkeit 1:
Mit aggressiv geäußertem Ärger will ich im anderen Schuldgefühle wecken.

- »Mit deinen schlechten Noten bringst du mich noch ins Grab!«
- »Deine Männergeschichten haben mich ganz krank gemacht!«
- »Wenn das so weitergeht, könnt ihr mich im Irrenhaus besuchen.«

Möglichkeit 2:
Mit Wutausbrüchen will ich den anderen bestrafen.

- »Du hast mich den ganzen Tag genervt, zur Strafe darfst du drei Tage nicht fernsehen.«
- »Acht Tage hast du dich nicht um den Hund gekümmert. Alles bleibt immer an mir hängen. Jetzt wird er abgeschafft. Basta!«

Möglichkeit 3:
Mit Wutausbrüchen will ich den anderen demütigen.
Auf der Geburtstagsveranstaltung mit vielen Gästen sagt die Hausfrau:

- »Der Herbert (ihr Mann) ist ein großartiger Ehemann, nur etwas einfallslos. Er hatte lange Zeit, sich Geburtstagsgeschenke zu überlegen. Bekommen habe ich schließlich ein Geldgeschenk. Ja, die Phantasie ist nicht seine stärkste Seite!«
- Drei Kinder stehen vor der Tür und wollen Hein zum Spielen abholen. Der Vater sagt zu ihnen: »Hein kommt nicht mit zum Spielen. Er hat als einziger in der Klasse im Rechnen eine sechs geschrieben. Mit so einem Trottel wollt ihr doch sicherlich nicht spielen!«

Wie lauten Ihre versteckten oder offenen Ziele, die Sie mit Ärger ausdrücken?

- Wollen Sie im anderen Schuldgefühle wecken?
- Explodieren Sie, um dem Gegenüber die Verantwortung in die Schuhe zu schieben?
- Kann es sein, daß Sie das Kind oder den Partner bestrafen wollen?
- Wollen Sie einen Menschen mit Wutausbrüchen kleinmachen?
- Benutzen Sie laut vorgetragenen Ärger, um Aufmerksamkeit zu erregen?
- Wollen Sie sich mit Zornausbrüchen und Wutanfällen rechtfertigen?
- Ist es Ihre Absicht, Kränkungen und Verletzungen heimzuzahlen?
- Schafft Ihnen Ihr herausgeschriener Ärger Befriedigung?
- Erkennen Sie in Ihren Ziel- und Verhaltensweisen Lieblosigkeit und Sünde?
- Sind Sie bereit, diese destruktiven und sündhaften Muster zu ändern?

Denkanstoß Nr. 5:
Entwickeln Sie eine stimmige Strategie!

Wenn Sie mit Ärger richtig umgehen wollen, benötigen Sie ein Denk- und Verhaltensmuster,

- das Ihnen am ehesten erstrebenswert erscheint;
- das geistigen Maßstäben entspricht;
- das Ihrem Leben und Denken gerecht wird;
- das negative Beziehungen verringert.

Wichtig ist, daß Sie Ihre negativen Reaktionsmuster auf Ärger und Wut *er*kannt und *be*kannt haben. Nur, was wir klar definieren, können wir in Arbeit nehmen. Unklare Formulierungen, was die Ziele, die Denk- und Verhaltensstrategien anbelangt, rufen unklare Veränderungsmuster hervor. Achten Sie auf Ihre Gefühle!

- Wann werden Sie böse?
- Welche Situationen lösen Ärger aus?
- Welche Begebenheiten ärgern Sie am meisten?
- Mit welchen Reaktionen liebäugeln Sie am ehesten?
- Bei welchen Menschen (Männern, Frauen, Gleichaltrigen, Kindern, Alten) geraten Sie am schnellsten in Zorn?
- Können Sie die Beweggründe für solche Wutreaktionen beschreiben?
- Nehmen Sie die Wut nach innen?
- Verlagern Sie die Wut nach draußen?
- Wie reagiert Ihr Körper auf Ärger, Wut und Zorn?
- Sprechen Sie mit dem Magen, mit dem Darm, mit Bluthochdruck, mit Hautausschlag, mit Nervenzusammenbrüchen usw.?

Erst wenn Sie präzise Ihre Ziele und Verhaltensmuster formuliert haben – am besten schriftlich –, können Sie darangehen, eine Strategie zu entwickeln, die Ihrem Wesen am genehmsten ist. Allerdings müssen die Strategien hilfreich, konstruktiv, partnerschaftlich und geistlich korrekt sein.

Angenommen, Sie neigen zum Verschweigen von Ärger und Wut. Sie fressen den Zorn in sich hinein. Dann sollten Sie das

Wort des Paulus beherzigen: »Versündigt euch nicht, wenn ihr in Zorn geratet, und versöhnt euch wieder miteinander, bevor die Sonne untergeht« (Epheser 4, 26).

Stellen Sie sich die Fragen:
- Wieviel Stunden, Tage oder Wochen kann ich wütend den Partner links liegenlassen?
- Welche Strategien verfolge ich mit dem Schweigen?
- Will ich dem Partner die Schuld aufbürden?
- Will ich mich als moralisch überlegen erweisen?
- Kann ich schlecht um Vergebung bitten?
- Bin ich nachtragend?
- Was würde mir am meisten helfen, aus dem gekränkten Rückzugsverhalten herauszukommen?
- Welche Hilfe kann ich vom Partner erbitten, mir aus der Sackgasse des Schweigens, des In-sich-Gekehrtseins herauszuhelfen?
- Wie kann ein konkretes Gebet lauten, das ich in solchen Momenten formuliere?

Denkanstoß Nr. 6:
Führen Sie ein Ärger-Tagebuch!

Der bereits erwähnte amerikanische Psychologe und Christ Neil Clark Warren, der in Amerika Seminare über den konstruktiven Umgang mit Ärger durchführt, gibt einen hilfreichen Rat, Ärger positiv zu verarbeiten. Er rät den Betroffenen, ein Ärger-Tagebuch anzulegen und drei Monate, jeden Tag mindestens eine halbe Stunde lang, alle konkreten Erfahrungen und Begegnungen mit Ärger niederzuschreiben.
Im einzelnen gibt er folgende Tips:
- Notieren Sie über jeden Eintrag das Datum und die genaue Uhrzeit.
- Schreiben Sie dann alles auf, was zu diesem Zeitpunkt in Ihnen vorgeht.

- Es geht darum, mit Ihren *augenblicklichen Gefühlen* in Berührung zu kommen. Was belastet Sie? Was ärgert Sie? Was kränkt und beleidigt Sie? Schreiben Sie auch positive Gefühle auf, wenn sie da sind.
- Lassen Sie Ihren Körper reden. Was sagt er, was drückt er aus? Wohlbefinden, Schmerzen, Spannung?
- Überwinden Sie Ihr Mißtrauen gegenüber Gefühlen! Wer seinen Gefühlen mißtraut, vergräbt sie tief in sich. Aber sie sind da und können Schaden anrichten.
- Wer beginnt, seinen Ärger aufzuzeichnen, macht sich Gedanken über Ursachen, Beweggründe und Ziele des Ärgers. Und er wird morgen sein Verhalten dem Ärger gegenüber verändern.
- Die tägliche Wiederholung, den Ärger präzise zu beschreiben, sorgt dafür, daß Sie sich Gedanken machen, daß Sie Ihre Empfindungen konkretisieren können und daß Sie Ihre Strategien kennenlernen.
- Richten Sie sich bei der Ärger-Aufzeichnung nach einer einfachen Gliederung:
  a) Datum
  b) Wann?
  c) Mit wem?
  d) Wie sehen meine Reaktionen aus?
  e) Warum oder wozu war ich ärgerlich?
  f) Was wollte ich mit meinem Ärger erreichen?
  g) Welche Strategien habe ich mir überlegt?
  h) Habe ich meinen Plan umgesetzt?

Wer sich entscheidet, dieses Ärger-Tagebuch anzulegen, wird eine Fülle von Informationen über sich erfahren. Er lernt sich besser kennen. Er gewinnt Einsicht in die Reaktion und in Verhaltensmuster, die er bei Ärger anwendet. Wer als Christ ernsthaft an destruktiven Ärger-Reaktionen arbeiten will, gewinnt auf diese Weise einen ausgezeichneten Überblick[8].

Denkanstoß Nr. 7:
Leiden Sie auch an der Wurzelsünde Ärger und Zorn?

Wir haben gesagt, jeder Mensch hat seine Methoden und Reaktionsmuster, wie er mit Ärger und Zorn umgeht. Der eine brüllt ihn heraus, schleudert seinem Gegenüber den Ärger ins Gesicht. Der andere will ihn nicht wahrhaben. Im »Enneagramm«, das der Franziskanerpater Richard Rohr geschrieben hat, geht es um neun Typen, um neun Gesichter der Seele, um neun verschiedene Persönlichkeitsstrukturen. Richard Rohr bezeichnet sich selbst als EINSER. Dieses »erste Gesicht der Seele« beinhaltet:

- EINSER sind Idealisten.
- EINSER haben eine starke Sehnsucht nach Wahrheit und Gerechtigkeit.
- EINSER lieben die menschliche Ordnung.
- EINSER haben es schwer, Unvollkommenheit zu akzeptieren.
- EINSER sind Musterkinder, brav, ehrgeizig und ernst.
- EINSER sind pflichtbewußt, korrekt und verantwortungsvoll.
- EINSER verleugnen sich selbst und verdrängen ihre wahren Gefühle.

An dieser Stelle kommen Ärger und Zorn zum Vorschein, die sie nicht wahrhaben wollen. Im Inneren schmort der Ärger. EINSER-Typen sind bemüht, den Ärger zu schlucken. Aber sie laufen dann als wandelnde »Dampfkochtöpfe« herum. In ihnen kocht der verdrängte Ärger. Wörtlich schreibt Richard Rohr über sich:

»Wir EINSER sind auf uns selbst zornig. Der Zorn ist die Wurzelsünde der eins. Wir EINSER schämen uns nämlich für unseren Zorn. Unsere Sünde und unsere *Vermeidung* fallen in eins. Wir vermeiden es, den Ärger, der uns motiviert und antreibt, zuzulassen. Denn auch Ärger ist für uns etwas Unvollkommenes. Musterkinder sind nicht wütend. Wir zwingen uns dazu, ›sachlich‹ zu bleiben und unsere Argumente vorzutragen, auch wenn wir innerlich kochen: ›Ich bin zwar nicht ärgerlich auf dich, aber eigentlich hätte ich aus den und anderen Gründen ein Recht, auf dich ärgerlich zu sein‹.«[9]

Weil diese Menschen als Christen so moralisch, sauber und korrekt sind,

- kritisieren sie andere Leute,
- erheben sie sich moralisch über ihre Mitmenschen,
- wirken sie arrogant und moralinsauer,
- sind sie gleichzeitig sehr empfindlich.

Empfindlichkeit ist die andere Schwäche dieser Menschen, die Ärger nicht zulassen und ihn im Keller ihres Bewußtseins versteckt halten. Jesus hat diese Formen durchschaut: Sie haben eine Spürnase für die Splitter im Auge der anderen, nur den Balken im eigenen Auge nehmen sie nicht wahr. Diese empfindlichen Menschen sind nachtragend. Nur schwer vergessen sie alte Sünden und Bosheiten, die längst vergeben sind. Wie sagt Richard Rohr: »Das hängt damit zusammen, daß unser Ärger unsere eigentliche Energiequelle ist.«[10]

Halten wir fest:

- Dieser versteckte Ärger wirkt arrogant.
- Dieser versteckte Ärger erscheint in der Maske des Pharisäers.
- Dieser versteckte Ärger entlädt sich und wird zum schlechten Gewissen für andere.
- Dieser versteckte Ärger äußert sich in beißender Kritik und in scharfen Urteilen.

Denkanstoß Nr. 8: Wenden Sie die »goldene Regel« des Zusammenlebens an!

Wo Menschen zusammenleben, gibt es Meinungsverschiedenheiten, Reibungen, Konflikte und damit Ärger. Wie können die zwischenmenschlichen Ärgernisse aussehen?

- Jemand provoziert einen Mitmenschen bewußt.
- Jemand provoziert einen Mitmenschen unbeabsichtigt.

- Gedanken und Aussagen des anderen werden mißverstanden.
- Einer will einen Angehörigen der Familie, Nachbarn, Mitglieder in der Gemeinde oder Arbeitskollegen treffen.
- Wir kränken, kritisieren oder beleidigen unser Gegenüber.
- Wir machen ihn zum Stein des Anstoßes.

Wie sehen solche konkreten Anlässe aus?
Fragen zur Selbstprüfung:
- Komme ich häufig zu spät?
- Lasse ich meine nahen Angehörigen warten?
- Schreie ich meine Kinder an?
- Unterdrücke ich meinen Lebenspartner?
- Rede ich schlecht über andere Menschen?
- Können meine Angehörigen sich nicht auf mich verlassen?
- Halte ich meine Versprechungen nicht?
- Fliehe ich in Aufgaben der Gemeinde und weiche den Verpflichtungen in der Familie aus?
- Gebe ich zuviel Geld für meine privaten Bedürfnisse aus?
- Bin ich treu, oder gebe ich meinem Partner Anlaß zur Eifersucht?
- Helfe ich im Haushalt mit, oder drücke ich mich?
- Worüber ärgern sich mein Partner, meine Eltern, meine Arbeitskollegen oder meine Freunde am meisten?
- Bin ich bereit, die Ärgernispunkte konkret zu benennen?

Im Lukas-Evangelium gibt Jesus eindeutig zu verstehen, daß Aggressionen zum Leben gehören: »Er sprach aber zu seinen Jüngern: ›Es ist unmöglich, daß nicht Ärgernisse kommen, wehe aber denen, durch welche sie kommen!‹« (Lukas 17, 1). Vor allen Dingen, wenn wir uns wissentlich und lieblos schuldig machen. Wir verletzen das Gebot der Nächstenliebe. Wir verstoßen gegen die »goldene Regel des Zusammenlebens«: »Behandelt die Menschen so, wie ihr selbst von ihnen behandelt werden wollt – das ist alles, was das Gesetz und die Propheten fordern« (Matthäus 7, 12).

Ein schlichter und idealer Satz. Ein revolutionärer Gedanke, wenn er von uns umgesetzt wird.
- Jeder weiß, was ihm die anderen tun sollen.
- Jeder weiß, was er von anderen erwartet.
- Jeder weiß, wie ein Zusammenleben im Herrn aussehen könnte.

Jesus philosophiert nicht über Zufriedenheit im Zusammenleben. Jesus gibt die klare Anweisung: Fang an!
Behandeln Sie Ihre Mitmenschen so, wie Sie behandelt werden wollen.
- Sie erwarten *Rücksichtnahme*, beginnen Sie damit, anderen gegenüber Rücksicht zu nehmen.
- Sie erwarten *Respekt,* also leben Sie Respekt.
- Sie erwarten, daß man Sie *ernst nimmt*, also nehmen Sie Ihr Gegenüber ernst.
- Sie wünschen, nicht *belogen* zu werden, also verzichten Sie auf Lügen anderen gegenüber.
- Sie erhoffen sich, nicht *hintergangen* zu werden, also hintergehen Sie nicht Ihre Mitmenschen.

Denkanstoß Nr. 9:
Christen sind nicht aufgerufen, Ärger und Wut schweigend zu ertragen.

Wir begegnen nicht selten in der Seelsorge Christen, die aus der Bibel die Leitlinien ihres Denkens und Handelns abgeleitet haben, nämlich:
- *alles* zu dulden und zu ertragen,
- *alles* zu schlucken,
- *alles* hinunterzuwürgen,
- *lieber* Unrecht zu erdulden als Unrecht zu tun.

Sie sagen: »Dulden ist besser als zurückschlagen«, »Schlukken ist besser, als zu schießen«, »Stillsein ist besser, als loszubrüllen«.

Ärger, Wut und Bitterkeit werden kommentarlos im Innern versteckt. Wie lauten die zentralen biblischen Aussagen, die für dieses Denken und Handeln Pate gestanden haben? Ich greife zwei Bibeltexte heraus.
Zunächst das Wort aus Jesaja 53, das theologisch in der Regel auf Christus gedeutet wird. Einige Verse aus dem Gesamtzusammenhang genommen, die unser Thema konkret veranschaulichen, lauten:
»In Wahrheit aber hat er die Krankheiten auf sich genommen, die für uns bestimmt waren, und die Schmerzen erlitten, die wir verdient hatten. Wir meinten, Gott habe ihn gestraft und geschlagen; doch wegen unserer Schuld wurde er gequält und wegen unseres Ungehorsams geschlagen. Die Strafe für unsere Schuld traf ihn, und wir sind gerettet ... Er wurde mißhandelt und ertrug es, ohne zu klagen. Wie ein Lamm, wenn es zum Schlachten geführt wird, wie ein Schaf, wenn es geschoren wird, duldete er alles schweigend, ohne zu klagen« (Jesaja 53, 4–7).
Der zweite Text steht im »Hohelied der Liebe«, in dem Paulus die Leitlinien der Liebe charakterisiert. Zu beiden Texten einige Hinweise:

Hinweis 1:
Wenn in Jesaja 53 von Christus die Rede ist, wollen Christen ihm hierin nachfolgen und nacheifern. Meines Erachtens liegt darin ein Fehlschluß.
- *Christus* hat unsere Sünden auf sich genommen.
- *Christus* hat unsere Krankheiten und Schwachheiten ertragen.
- *Christus* hat alle Schmerzen, Ärger, Wut und Bitterkeit, die wir verursacht haben, getragen.
- *Christus* hat für uns gelitten, erniedrigte sich selbst und ist für uns gestorben.
- *Christus* hat alles Unrecht, das wir Menschen produzieren, ans Kreuz geheftet.

- *Christus* durfte sich nicht verteidigen, sich nicht rechtfertigen, durfte nicht ausweichen, durfte nicht zurückschlagen. Maßen wir uns nicht an, das Werk Christi nachzuahmen.

Hinweis 2:
Rache ist uns untersagt. Zurückschlagen ist nicht erlaubt. Böses mit Bösem vergelten ist ungeistlich. Nachtragen und alte Sünden wieder aufgreifen ist lieblos.
Aber es gibt doch auch geistliche Spielregeln, die Sünden nicht mit Sünden beantworten, die Böses nicht mit Bösem vergelten wollen.
Eine Kommunikationsregel, die Jesus uns ans Herz gelegt hat, lautet: »Wenn dein Bruder dir unrecht getan hat, dann gehe zu ihm hin und stelle ihn unter vier Augen zur Rede. Wenn er mit sich reden läßt, hast du ihn als Bruder (oder Schwester) zurückgewonnen« (Matthäus 18, 15).

Hinweis 3:
Auch 1. Korinther 13 spricht von einer Liebe, die wir vollgültig nicht leisten können. Im Griechischen steht jedesmal das Wort *agape.* Und der große Theologe Karl Barth kommentierte dieses Kapitel so:
»Christus ist die personifizierte *agape.* Darum können wir getrost für das griechische Wort Christus einsetzen.«
Wenn das aber theologisch stimmt, dann bekommen die entscheidenden Verse des 13. Kapitels einen anderen Akzent.

- Christi Liebe läßt sich nicht zum Zorn erregen,
- Christi Liebe trägt keinem etwas nach,
- Christi Liebe gibt niemals jemanden auf,
- Christi Liebe glaubt alles,
- Christi Liebe hofft alles,
- Christi Liebe erträgt alles mit großer Geduld.

**Denkanstoß Nr. 10:
Ich übernehme die Verantwortung für Ärger!**

Dieses Muster beinhaltet die hilfreichste Antwort. Es ist ein Irrtum anzunehmen, daß ich für Ärger *nicht* die Verantwortung übernehmen kann. Auch Ärgeranlässe, die von außen kommen und auf die der Mensch reagiert, können unterschiedlich beantwortet werden.
- Ich entscheide, ob es zu Ärgerausbrüchen kommt.
- Ich entscheide, ob ich laut oder leise antworte.
- Ich entscheide, wie ich mit Ärger umgehen will.

In dem Wort Verantwortung steckt das Wort antworten. Wie werde ich reagieren?
- Will ich dem Partner, den Eltern oder Kindern die Schuld an meinem Ärger geben?
- Will ich lernen, für meine Gefühle, für meine Wut und Bitterkeit die Verantwortung zu übernehmen?
- Will ich mit Ärgerausbrüchen die Umgebung erpressen?
- Will ich mit laut geäußertem Ärger mein Gegenüber zu größerem Einsatz zwingen?
- Will ich mit ärgerlichen Vorwürfen meine Überlegenheit demonstrieren?

Welche geheimen oder verborgenen Ziele werden Ihnen offenbar, die Sie vor sich selbst, vor den anderen und vor dem lebendigen Gott verantworten müssen?
Haben Sie die versteckten Ziele identifiziert, können Sie sie ins Gebet nehmen?
Wer seinen Ärger hilfreich beantwortet, läßt zu, daß seine ärgerlichen Reaktionen hinterfragt werden. Lassen Sie sich hinterfragen, was Sie mit Ärgerausbrüchen anzetteln wollen? Oder fegen Sie alle Anfragen eigenmächtig und rechthaberisch vom Tisch?

Denkanstoß Nr. 11:
Christen sind aufgerufen, die Menschen zu segnen, die ihnen Böses wollen und sie ärgern.

Im ersten Petrusbrief wird uns ein Verhaltensmuster an die Hand gegeben, das aus eigener Kraft nur schwer zu realisieren ist. Es heißt:
»Vergeltet nicht Böses mit Bösem, und gebt Beleidigungen nicht wieder zurück! Im Gegenteil, segnet eure Beleidiger, so gewiß Gott auch euch dazu berufen hat, in der kommenden Welt seinen Segen zu empfangen« (1. Petrus 3, 9).
Der Theologe und Sprachforscher Friso Melzer schreibt, daß das Wort *segnen* aus dem lateinischen *signare* abgeleitet ist. Es beinhaltet soviel wie *signum crucis* – nämlich das Zeichen des Kreuzes zu machen. Das Kirchenlatein kennt das Wort *se signum,* und es heißt soviel wie *sich besegnen*, »sich bekreuzigen«.

Wer andere segnet,
- stellt sie unter den Schutz Gottes;
- erfleht Gottes Fülle und Gnade über sie;
- will, daß ihnen alles Gute widerfährt;
- stellt sich selbst in Gedanken, Worten und Werken positiv und wohlwollend auf die anderen ein.
- Segnen ist das krasse Gegenteil von *beleidigen.*
- Segnen ist das krasse Gegenteil von *kränken.*
- Segnen ist das krasse Gegenteil von *fertigmachen.*
- Segnen ist das krasse Gegenteil von *vergelten.*
- Segnen ist das krasse Gegenteil von *ärgerlich machen.*

Wer segnet, gibt dem Ärger und dem Bösen keinen Raum. Wir stellen uns mit dem Rücken gegen feindliche Gedanken und Gefühle. Wir schirmen uns ab gegen Rache und Wut. Wir hungern die Gedanken, die den anderen fertigmachen wollen, aus. Wir stoppen das Zurückschlagen, und wir beenden böse Ärgerausbrüche.

Segnen kann nur der, der selbst gesegnet wurde. Unsere edle Gesinnung spielt uns einen Streich. Unsere Großzügigkeit will unter Umständen den anderen beschämen. Unsere gespielte Toleranz demonstriert dem anderen haushohe Überlegenheit. Dem Ärger in uns mit Segnen zu begegnen, ist ein Geschenk. Wer segnen will, läßt alle ungeistlichen Reaktionen, die menschlich und verständlich sind, fahren. Wer segnet, stellt sich mit seiner gesamten Existenz gegen Ärgergefühle, Bitterkeit, Wut und Rachegedanken. Böses wird nicht mit Bösem beantwortet, Gott schenkt eine Gesinnungsänderung. Er stoppt die lieblose Gegenreaktion.

»Ohne Gesundheit ist alles nichts«

Vom richtigen Umgang mit Gesundheit

Hauptsache gesund!
So lautet die Philosophie vieler Menschen im Telegrammstil. Auch der pessimistische Philosoph Arthur Schopenhauer hat seine Weisheit auf den Punkt gebracht: »Die Gesundheit ist zwar nicht alles, aber ohne die Gesundheit ist alles nichts.«
Je mehr die Ewigkeit und das Jenseits den Menschen aus dem Blickfeld geraten, desto fanatischer werden die Anstrengungen auf die Gesundheit in diesem Leben gerichtet.

- Gesundheit wird zum höchsten Gut.
- Gesundheit wird zum Götzen.
- Gesundheit wird zum Religionsersatz.

Das klingt richtig, das klingt vollmundig. Und doch! Welchen Stellenwert hat die Gesundheit in unserem Leben? Wie schätzen wir sie heute und hier ein?
Als ich vor kurzem einige Tage starke Schmerzen im Oberbauch hatte, bin ich ins Krankenhaus gegangen und habe mich gründlich untersuchen lassen. Die Schmerzen waren nicht unerträglich, aber so, daß ich nicht lesen, vernünftig denken und sinnvoll etwas machen konnte. Die vielbeschworene Lebensqualität war erheblich eingeschränkt, die Lebensfreude stark reduziert, die Zufriedenheit eindeutig geschmälert. Die Qual überwog die Freude. Das tägliche Leben hatte allen Reiz verloren. Aus tiefstem Herzen möchte man zustimmen: Hauptsache gesund!

»Zeitzeichen«

Unter dieser Überschrift beschreibt Gert von Kunhardt, Sportler und Trainer für Führungskräfte, unsere Zeit: »Wir leben in einer merkwürdigen Zeit. Ist es nicht so, daß wir den höchsten Lebensstandard, das beste Gesundheitssystem, den kürzesten Arbeitstag auf der ganzen Welt haben? Wird uns nicht das breiteste und vielschichtigste Bildungsangebot offeriert? Wir können die Palette der Superlative für unsere überragende Lebensqualität noch vielfältiger ergänzen. Aber dies alles scheint in einem elementaren Bereich für ein glückliches Leben eher hinderlich als förderlich zu sein: wenn es um unsere Gesundheit geht.
Über 50 % aller Todesfälle in Deutschland sind auf Herz-Kreislauf-Schwächen (hauptsächlich Herzinfarkt) zurückzuführen. Die Rückenbeschwerden nehmen in einem atemberaubend schnellen Maße zu: Die Hälfte aller Berentungsanträge wird zur Zeit damit begründet.
Gelenkbeschwerden (Arthrose, Arthritis) werden bei über 10 Millionen Bundesbürgern als (häufig immer noch) irreparabel geltender Schaden beklagt. Als offizielle Gründe für die im Grunde unverantwortlichen Krankheitszahlen werden
a) mangelnde Bewegung und
b) falsche Ernährung genannt.«[11]

Die Zahlen können ohne Schwierigkeiten um viele Einzelheiten ergänzt werden. Gott hat uns einen wunderbaren Körper geschenkt. Viele Menschen und Christen gehen verantwortungslos und gleichgültig mit diesem »Werkzeug« um. Wir leben drauflos und schreien um Hilfe, wenn der Leib Schwächen und Funktionsstörungen meldet. *Alles* erbitten wir von unserem Herrn, wenn die Organe streiken, *nichts* glauben wir beisteuern zu müssen, wenn die Gesundheit fühlbar beeinträchtigt ist. Viele chronische Krankheiten sind hausgemacht. Wir beklagen sie als Zivilisationsschäden. Schicksalhaft nehmen wir sie in Kauf und versuchen, die Folgen ein wenig zu

reduzieren. Körperliche und seelische Therapie wird als Reparatur verstanden.
Heilung hängt mit Heil zusammen. Wenn etwas heil ist, dann ist es ganz. Im Paradies war der Mensch heil und ganz. Heute ist er krank und un-heil. Wollen wir aus eigener Kraft die Heilung anstreben? Oder wollen wir als Christen in Christus heil werden und unser Leben so einrichten, damit es ein Leben zu seiner Ehre wird?

Ist die Gesundheit unser höchstes Gut?

So sieht es aus. Über 80 % der Bundesdeutschen setzen Gesundheit an die Spitze ihrer persönlichen Wünsche. Das ergab eine Umfrage.
– Gesundheit rangiert vor *Frieden.*
– Gesundheit rangiert vor *Arbeit.*
– Gesundheit rangiert vor *Wohlstand.*

Unsere Gesundheit ist fast nicht mehr zu bezahlen. Die Bundesrepublik hat 1995 knapp 300 Milliarden DM für die Gesundheit ausgegeben. Wie das Statistische Bundesamt in Wiesbaden mitteilte, betrugen die Gesundheitskosten umgerechnet pro Kopf der Bevölkerung DM 4271,– in einem Jahr. Für uns Christen bedeutet die Gesundheit viel, aber nicht alles. Gesundheit darf nicht zum Götzen werden. Es ist richtig: »Unser Leib ist ein Tempel des Heiligen Geistes«, und diesen Tempel wollen wir für den Heiligen Geist gesund erhalten, soweit es an uns liegt. Wir können als Christen sehr viel tun, um viele Krankheiten zu vermeiden oder zu verringern. 1990 wurden in der Bundesrepublik nur 0,83 % der 261 Milliarden – also nicht einmal 1 % – für die Gesundheits*vorsorge* ausgegeben. Das sollte auch uns Christen zu denken geben. Heute ist Gesundheit zum Milliardending geworden. Ein Zehntel des gesamten Bruttosozialproduktes wird für Gesundheitsleistungen ausgegeben.

In einer Zeitschrift las ich einen Beitrag von Heiko Ernst über das »Phantom Gesundheit«. Dort heißt es:
»Wir sind auf dem besten Wege, eine Nation von Hypochondern zu werden, die immer mehr Zeit, Energie und Geld auf die Bewahrung und Wiederherstellung von Gesundheit verwendet. Je mehr wir für die Gesundheit tun, desto anfälliger und kränker fühlen wir uns. Der Gesundheitskult erzeugt eben nicht gesteigertes Wohlbefinden, sondern Ängstlichkeit und Unsicherheit und führt zur hypochondrischen Suche nach der vollkommenen Gesundheit ... Wir streben nicht nach einem schönen Leben, sondern wollen nur ein befürchtetes Nachlassen abwehren, den Tod hinausschieben.«[12]
Hat der Psychologe Heiko Ernst recht?
Demonstriert der Kampf um Gesundheit versteckte Angst?
Sollen Todesängste mit verbissenen Gesundheitspraktiken ausgelöscht werden?
Sollen Unsicherheit und hypochondrische Lebenseinstellung mit einem übertriebenen Gesundheitskult zugedeckt werden?
Die Angst, schwach zu sein oder krank zu werden, bedrückt viele Menschen. Die vielbeschworene Lebensqualität wird blockiert. Die angestrebte Zufriedenheit bleibt auf der Strecke.

»Besonderes Merkmal: gesund«

Unter dieser Überschrift veröffentlichte die Zeitschrift »Psychologie heute« eine wissenschaftliche Untersuchung mit dem Ziel: Warum bleibt ein Mensch gesund? Es gibt unzählige Untersuchungen, die den Ursachen, Umweltbedingungen und Motiven nachgehen, die den Menschen krank machen. Diese Untersuchung am Universitätskrankenhaus in Hamburg-Eppendorf näherte sich dem Problem von einer anderen Seite. Warum bleiben Menschen gesund? Die Forscher definierten Gesundheit so:
»Wer seit fünf Jahren – abgesehen von einfachen Erkältungen – nicht krank gewesen ist und außer zu gewöhnlichen Zahn-

behandlungen und Vorsorgeuntersuchungen keinen Arzt aufgesucht hat.«[13]
Durch eine Anzeige in einer großen Hamburger Tageszeitung wurden Freiwillige für das Forschungsprojekt gesucht. Getestet wurden besonders – neben der körperlichen Befindlichkeit – das Selbstkonzept und das Erleben der eigenen Person. Und das Ergebnis?

- Gesunde erleben sich seelisch stabiler als Kranke.
- Gesunde waren und sind optimistischer.
- Gesunde sind hoffnungsvoller und anpassungsfähiger.
- Gesunde wagen – auch nach Pleiten und Niederlagen – sofort wieder einen Neuanfang.
- Gesunde machen in allen Lebenssituationen das Beste aus einer Sache.
- Gesunde stellen sich den Herausforderungen des Lebens.
- Gesunde sind Menschen mit einem hohen Grad an Selbstbewußtsein.
- Gesunde sind Menschen mit einem tief verwurzelten Hoffnungspotential.
- Gesunde streben bewußt und unbewußt nach Eigenverantwortlichkeit.
- Gesunde streben nach Selbstbestimmung und Unabhängigkeit.[14]

Diese Forschungsergebnisse sollten uns Christen zu denken geben. Gesundheit und Krankheit, Lebenszuversicht und Zufriedenheit, Niedergeschlagenheit und Lebensfreude haben etwas mit unserer Glaubenseinstellung zu tun. Leben wir von der Hoffnung, die in Christus personifiziert ist? Erfahren unser Selbstvertrauen und Selbstbewußtsein durch Gott eine spürbare Rückenstütze? Wenn wir Gott rückhaltlos vertrauen, müßten wir dann nicht in der Lage sein, in allen Krisen und Alltagssituationen das Beste aus einer Sache zu machen?

Wollen alle Kranken gesund werden?

Halten Sie diese Frage auch für abwegig? Ist es nicht selbstverständlich, daß alle Kranken gesund werden wollen? Jesus fragt in der Tat einen Mann, der 38 Jahre krank war: »Willst du gesund werden?« Mit Sicherheit stellte ihm Jesus keine verletzende und sinnlose Frage. Es gibt wahrhaftig viele Menschen, die nicht gesund werden wollen. Sie halten sich an ihrer Krankheit fest. Vielleicht benutzen sie die Krankheit,

- um vor der Bewältigung des Lebensalltages zu fliehen;
- um den harten Anforderungen der Arbeitswelt auszuweichen;
- um vor der Verantwortung in Ehe, Familie und Leben wegzulaufen;
- um eine ständige Fürsorge und mitmenschliche Zuwendung aufrechtzuerhalten;
- um Hilfe und geistliche Unterstützung zu erzwingen.

Gustav G. Tobler kommentiert diesen Gedanken so:
»Vielleicht hatte der Kranke von Bethesta seinen Lebens- und Heilungswillen schon verloren, und Jesus wollte mit seiner Frage den Menschen neue Hoffnung und den Willen wecken, gesund zu werden. Ist der Lebenswille nicht mehr vorhanden, kann man einem Patienten schwerlich helfen. Wenn Menschen das Kranksein vorziehen, dann stimmt etwas nicht mehr, das Wollen scheint krankhaft geworden zu sein ... Eine ›Gefahr‹ ist die Neigung Kranker, sich dem Selbstmitleid hinzugeben und dieses zu hätscheln und zu pflegen. Sie wälzen sich förmlich in Mitleid mit sich selbst. Sie genießen es, sich als ›vom Schicksal verfolgt‹ und als Opfer zu sehen ... Kranke lernen oft sehr schnell, der Mittelpunkt ihrer Umgebung zu sein. Ein Patient erliegt leicht der Versuchung, als Patient zum Fordernden, zum Herrscher oder gar Tyrannen seiner Umgebung zu werden. Will er überhaupt noch gesund werden, wenn er in seiner Umgebung so ein Reich mit treuen Dienern und Untertanen aufgebaut hat? Er will doch seine Privilegien nicht preisgeben!«[15]

Wer in der aktiven Seelsorge und in der Beratungsarbeit steht, kann diese Menschen verstehen. Sie fühlen sich schwach und überfordert, von Ängsten und Befürchtungen überrollt. Sie wissen, daß sie gefordert werden, wenn sie wieder gesund sind. Sie fliehen vor der Verantwortung, lassen sich in Hilflosigkeit und Antriebslosigkeit fallen, aber sie wissen auch, daß fürsorgende und helfende Menschen sie auffangen, beschützen und betreuen.
Von einer ähnlichen Erfahrung weiß auch einer der leitenden Ärzte der Klinik »Hohe Mark« im Taunus zu berichten. Er läßt einen Patienten im Selbstzeugnis zu Wort kommen. Bei ihm heißt es: »Bereits voll im Dienst habe ich mich oft als ›krank‹ erlebt. Immer wieder kommen Resignation und der Gedanke an Selbstmord. Gerade in eine solche Zeit hinein sagte mir Gott durch einen Christen: ›Gott will, daß du lebst!‹ ... Plötzlich wurde mir beim Nachdenken klar, daß ich eigentlich gar nicht gesund werden will. Bisher hatte ich fromm und bemäntelnd gesagt: ›Gott will meine Krankheit, damit seine Herrlichkeit groß werden kann.‹ Heute denke ich anders: Gott will meine *Heilung*, damit seine Herrlichkeit offenbart wird. Aber damals ist mir bewußt geworden, daß es eigentlich ganz bequem ist, in die Krankheit zu fliehen, wenn es schwierig wird. Da müssen die anderen eben auf mich Rücksicht nehmen; dann habe ich ein Recht, beachtet zu werden, denn ich bin ja krank.«[16]
Ein Patient beschreibt seine Empfindungen. Die Krankheit kommt ihm entgegen. Sie beinhaltet Entlastung und bringt ihm Vorteile. Der Kranke wird geschont. Die anderen müssen für ihn einspringen. Jesus fragt in der Tat nicht rhetorisch. Seine Frage trifft den Kern der Sache: »Willst du wirklich gesund werden?«

Fragen zu Selbstprüfung:
- Habe ich mich mit bestimmten Krankheiten abgefunden, die, menschlich gesehen, gute Heilungschancen beinhalten?

- Will ich gesund werden, oder ist mein Heilungswille angeknackst?
- Habe ich den Lebenswillen verloren?
- Wen mache ich dafür verantwortlich?
- Habe ich mich dem Selbstmitleid hingegeben?
- Welchen Nutzen ziehe ich unbewußt aus der Lebenseinstellung?
- An welcher Stelle kommt die Krankheit meinen Lebensgrundüberzeugungen entgegen?
- Will ich krank bleiben, um der Verantwortung vor dem Leben zu entfliehen?
- Will ich krank bleiben, um von den Anforderungen des Lebens verschont zu bleiben?
- Will ich krank bleiben, um die Vorzüge von Fürsorge, Zuwendung und Mittelpunktsein nicht einzubüßen?
- Will ich krankmachende Gewohnheiten beibehalten, und schätze ich den Genuß höher ein?
- Will ich krankmachende Süchte ablegen, oder beurteile ich Gesundheit und Krankheit gleichgültig?

Wenn Gesundheit zum Götzen wird

Vielen Menschen geht heute die Gesundheit über alles. Wir sprechen inzwischen
- vom Gesundheitskult,
- von Gesundheitsfetischismus,
- von Gesundheitsbesessenheit,
- von Gesundheitshypochondrie.

Schlagen wir im Wörterbuch nach, was ein Hypochonder ist, erfahren wir: »Hypochondrie (griechisch); die Neigung zu überwertigen Krankheitsvorstellungen, weit verbreitet bei grüblerischen, unsicheren oder labilen Persönlichkeiten. Eine gewisse Disposition zu hypochondrischem Reagieren liegt in der menschlichen Natur. In krankhafter Form bei Depressio-

nen, Neurosen und in besonders schwerer Form oft in manifesten Psychosen.«[17]
Ein Hypochonder ist also ein Mensch, der in übertriebener und krankhafter Weise seinem Gesundheitszustand Beachtung schenkt. Diese übertriebene Beobachtung ist mit zwanghaften Ängsten gekoppelt. Gesundheit ist zum Götzen geworden. Sie beansprucht eine übermenschliche Verehrung. Eine ganze Industrie lebt von dieser Götzenverehrung. Falten, Altern, Tod und Sterben sollen ausgeschaltet werden. Dieser Gesundheitsfanatismus ist im höchsten Grad narzißtisch. Narzißmus beinhaltet eine krankhafte Eigenliebe. Abgeleitet ist der Begriff von Narziß, einem griechischen Jüngling, der in sein eigenes Spiegelbild verliebt war. Daneben zählt nichts anderes. Das Ich steht im Mittelpunkt.
Sozialwissenschaftler sprechen von einem neuen Sozialisationstyp, dem Narzißten. Professor Jürg Willi, Psychosomatiker und Ehetherapeut, beschreibt diesen Typ so: »Dieser neue narzißtische Sozialisationstypus ist gekennzeichnet durch ein symbiotisches Verhältnis zur Mutter, welches archaische Züge wie Verschmelzung und unmittelbare Bedürfnisbefriedigung beinhaltet, von einem Streben nach Befriedigung nicht über konkrete Beziehungen, sondern über das Urerlebnis eines intrauterin narzißtischen Wohlbefindens auf Omnipotenz abzielenden Selbstbildes, verbunden mit Schuldgefühlen, denen gegenüber man sich hilflos und ohnmächtig fühlt. Zur Abwendung von der äußeren Realität gehört auch das Ausweichen vor allen Situationen, vor Wettbewerb mit Gleichaltrigen. Die Verweigerungshaltung dient dem Schutz des äußerst verletzlichen Selbstwertgefühls. Es entsteht ein zerfließendes, diffuses, grenzenloses Ich, das nur noch die eigenen Interessen im Auge behalten kann und zur Realitätsflucht neigt.«[18]
Was kennzeichnet den Narzißten? Die sofortige Bedürfnisbefriedigung spielt eine große Rolle. Ein unrealistisches Allmachtsstreben, das »ewige Jugend« beinhaltet, hat jung und alt ergriffen. Dazu gehören ein Ausweichen vor der Realität, ein Ausweichen vor Verantwortung und Wettbewerb. Das

Kreisen um die eigene Gesundheit und die Zunahme von Egoismus, Narzißmus, Selbstliebe und mangelnder Nächstenliebe gehören zusammen. Die Bibel bringt es mit einem Satz auf den Punkt: »Und weil das Böse überhandnimmt, wird die Liebe bei den meisten in euch erkalten« (Matthäus 24, 12). Das Ende der Welt charakterisiert Jesus mit dieser lapidaren Feststellung.

Drei Persönlichkeitstypen und ihr Verhältnis zur Gesundheit

Der Psychologe Heiko Ernst hat drei Persönlichkeitsstrukturen herausgefiltert, die ein besonderes Verhältnis zur Gesundheit demonstrieren.
Es sind solche Menschen, die entweder ruhig und gelassen auf Krankheitssymptome reagieren oder die wie hypnotisiert auf alle wunden Stellen im Mund, auf Hautreizungen, Kopf- und Zahnschmerzen, Muskelschmerzen und Durchfall achten. Die kleinsten Signale des Körpers werden argwöhnisch beäugt.

Typ 1: Die Stoiker
Eine philosophische Richtung, die Gelassenheit, Ruhe und affektfreies Verhalten und Denken pflegt. Stoiker kümmern sich wenig um ihren Gesundheitsstatus. Sie machen sich wenig Sorgen um Krankheiten und deren Symptome. Nichts kann sie aus ihrer Ruhe und Gelassenheit herausbringen. Sie neigen dazu, Krankheiten einfach zu ignorieren.

Typ 2: Die besorgten Gesunden
Sie sind am häufigsten anzutreffen. Im Gegensatz zu den Stoikern sind sie an ihrer Gesundheit interessiert. Alle Symptome werden sorgfältig beachtet. Hausmittel und eine gesunde Lebensweise spielen eine große Rolle. In Streßsituationen und bedrückenden Lebensumständen werden sie nervös und

reagieren teilweise hypochondrisch. Ihr Lebensstil ist stark mit Wohlbefinden, Fitneß und Gesundheit verbunden.

Typ 3: Die Full-Time-Hypochonder
Sie leiden ständig unter der Vorstellung, ernsthaft krank zu sein. Ärzte, Heilpraktiker und Gesundheitsberater werden fortlaufend frequentiert. Der Full-Time-Hypochonder ist nach Heiko Ernst ein Mensch, der unter psychischen Störungen leidet. Er beschäftigt sich exzessiv mit seinen Krankheiten, mit seinem Körper und seiner Gesundheit. Hypochonder sind keine Simulanten, die Krankheiten vortäuschen und der Verantwortung ausweichen. Sie sind mit sich und ihren Problemen überstark beschäftigt. Ihre Selbstbeobachtung und Selbstaufmerksamkeit sind bis ins Krankhafte gesteigert. Die offenkundige Wehleidigkeit ist zum Lebensstil geworden, die Hypersensibilität gegenüber Schmerzen und Wehwehchen hat Körper und Gesundheit in den Mittelpunkt gestellt. Hypochonder neigen zu dramatisierenden Deutungen. Es ist außerdem eine psychologische Erkenntnis, daß eine erhöhte Selbstaufmerksamkeit die Beschwerden verstärkt. Die Konzentration auf bestimmte Körperempfindungen verstärkt sie dadurch.

Was sind die Gründe für eine »kollektive Hypochondrie«?

Was steckt hinter der Gesundheitsbesessenheit? Welche Faktoren haben die Gesundheitsideologie verstärkt?

Faktor 1:
Der Mensch will alles kontrollieren. Wer alles im Griff haben will, muß kontrollieren. Der eigene Körper und die eigene Gesundheit sind am leichtesten zu beeinflussen und zu überwachen. Selbstdisziplin und ein gesundheitsbewußtes Verhalten haben sich als neue Verhaltensnorm etabliert.

Faktor 2:
Der Mensch hält alles für machbar. Die gewaltigen medizinischen Fortschritte bei der Erhaltung und Verlängerung des Lebens machen den Menschen glauben, er könne seine Lebenszeit beliebig verlängern. In seinen Augen sind Krankheiten Lücken in der medizinischen Erkenntnis. Noch längst sind nicht alle Techniken ausgeschöpft, Krankheit aus dem menschlichen Leben zu eliminieren.

Faktor 3:
Der Mensch konzentriert sich auf die Gesundheit als Ersatz. Fachleute gehen davon aus, daß der Mensch sich darum exzessiv mit Gesundheitsproblemen beschäftigt, weil andere persönliche Probleme verdrängt, verleugnet oder ausgeblendet werden. Die zunehmende Vereinsamung und Isolierung muß aufgefangen und verarbeitet werden.
Körper und Gesundheit bieten sich an, der Vereinsamung zu entfliehen. Früher war der Mensch geborgen, eingebettet in Familie und Freundeskreis. Körperliche Krankheiten und Schwächen wurden im Familienbereich aufgefangen. Wer heute krank wird, ist weit mehr einsam und isolierter als früher. Der familiäre Schutz und die Fürsorge der Angehörigen fehlen weithin.

Faktor 4:
Der Mensch ist narzißtischer und machtloser geworden. Von Narzißmus war schon die Rede. Wenn Fachleute bestätigen, daß unsere Gesellschaft in höherem Maße narzißtischer, egoistischer und selbstbezogener wurde, ist das ein Alarmzeichen. Der Slogan »Gemeinwohl geht vor Eigenwohl« ist zum Spruch aus der Mottenkiste geworden. Narzißmus und Einsamkeit, Selbstsucht und Isolierung gehören zusammen. Der Rückzug auf sich selbst und das nachlassende Interesse am anderen sind Schrittmacher für eine übertriebene Gesundheitsideologie. Damit werden Krankheit und Tod zu den größten Bedrohungen.

Wie schreibt der Psychologe Heiko Ernst: »Das Gesundheitsparadox ist eine Denk-Falle, in die wir immer wieder hineinrennen, wenn wir uns nicht bewußtmachen, daß es kein Leben ohne Krankheit und Tod gibt. Das heißt nicht, gesundheitspolitischen Fatalismus und Gleichgültigkeit zu propagieren oder nicht alle Möglichkeiten einer vernünftigen Gesundheitsvorsorge auszuschöpfen. Es bedeutet jedoch anzuerkennen, daß es unvermeidbare Leiden und Schmerzen gibt, daß Gesundheit ein höchst labiler und nie ›machbarer‹ Zustand ist und Altern und Tod unaufhaltsame Prozesse sind.«[19]

Fünf Aussagen über Gesundheit

Ein Zusammenschluß gläubiger Schweizer Ärzte hat einige Thesen zur Gesundheit formuliert. Die Ärzte haben sich Gedanken gemacht über Krankheit und Heilung, über lebensunwürdiges Leben und Lebensqualität, um Heilung oder um Reparatur, um Heilungsglauben und Annahme der Situation. Was ist Gesundheit wirklich?

1. Gesundheit ist der Zustand der Ganzheit, worin Gott ursprünglich den Menschen schuf, um eine liebende und heilige Beziehung mit Gott, den Menschen und der Schöpfung zu haben, und die ihn befähigte, seine Berufung als Geschöpf Gottes zu erfüllen.
2. Gesundheit in diesem Sinne wurde mit negativer Wirkung auf den ganzen Menschen und die ganze Schöpfung durch den Fall (das heißt die Sünde) zerstört.
3. Heilung ist die Wiederherstellung der ursprünglichen, von Gott gegebenen Ganzheit (was die ganze Person beinhaltet) und ist nur auf der Grundlage des vollendeten Werkes von Jesus Christus möglich.
4. Vollständige Gesundheit wird erst im neuen Himmel und auf der neuen Erde nach dem zweiten Kommen Jesu Christi verwirklicht werden. Deswegen ist Gesundheit und Heilung in dieser Welt immer unvollständig.

5. Gesundheit ist der Zustand, in dem man Sinn erlebt und die Berufung in Beziehung zu Gott, zum Menschen und zur Schöpfung erfüllen kann.[20]

Der Christ kann in der Tat die völlige Gesundheit in diesem Leben nicht erwarten. Mit dem Sündenfall sind Krankheit und Tod in unser Leben eingebrochen.

In uns Christen regt sich der Widerspruch. »Gesundheit ist nicht alles; aber ohne Gesundheit ist alles nichts?« Nein.

Denken Sie einen Augenblick

- an die chronisch Kranken, an die einfach und mehrfach Behinderten,
- an Menschen, die ständig über Schmerzen klagen,
- an Menschen, deren Verletzungen ihr Leben pausenlos einschränken,
- an Leidende von Geburt an,
- an Leiden, die durch Unfälle, Krieg und Krankheit hervorgerufen wurden.

Halten alle diese Menschen ihr Leben für bedrückend, für sinnlos und unerträglich? Ich glaube kaum.

In unserem Institut für beratende und therapeutische Seelsorge hat eine junge Frau die Ausbildung gemacht. Sie kommt aus Österreich und ist von Geburt an blind. Ohne Schwierigkeiten besucht sie Kurse in der Schweiz und in Deutschland. Eines Tages machte ich mit ihr eine Livedemonstration. Wir zeigten vor Publikum, wie seelsorgerliche Gespräche geführt werden. Beiläufig sagte ich zu ihr: »Sie als Behinderte haben es sicher schwerer als Gesunde.« Da sagte sie: »Ich bin nicht behindert, ich fühle mich gesund.« Deutlich wird: Wie relativ sind unsere Urteile über gesund und krank. Wie subjektiv empfindet jeder Mensch Gesundheit und Krankheit. Es gibt ein Gedicht von Lothar Zenetti, das die subjektive Empfindung über Gesundheit und Krankheit widerspiegelt:

Ich traf einen jungen Mann,
kerngesund,
modisch gekleidet,

Sportwagen,
und fragte beiläufig,
wie er sich fühle.
Was 'ne Frage, sagte er,
beschissen!

Ich fragte,
ein wenig verlegen,
eine Schwerbehinderte,
ältere Frau,
in ihrem Rollstuhl,
wie es ihr gehe.
Gut, sagte sie, es geht mir gut.

Da sieht man wieder,
dachte ich bei mir,
immer hat man mit den
falschen Leuten Mitleid.[21]

Gesundheit ist eine Frage der Lebenseinstellung. Wer alles hat, nimmt es als selbstverständlich hin. Wer satt ist, nörgelt an Unvollkommenheiten herum, wer nichts zu klagen hat, klagt wenigstens auf »hohem Niveau«. Wem alle Wünsche erfüllt werden, der ertrinkt in Langeweile.
Der behinderte Mensch macht das Beste draus. Er läuft nicht wider den Stachel. Er erträgt seine Behinderung und freut sich über die Möglichkeiten, die ihm verbleiben. Wie schrieb der Dichter Eichendorff?

»Herr, laß mich hungern dann und wann,
Sattsein macht stumpf und träge;
und schick mir Feinde, Mann um Mann,
Mut hält die Kräfte rege.«

Das Schlaraffenland ist tödlich. Das »arbeitslose Einkommen« untergräbt den Lebensmut.

Zitate über Gesundheit

»Fröhlichkeit ist gut für die Gesundheit, Mutlosigkeit raubt einem die letzte Kraft.«
Sprüche 17, 22

»Rafft euch auf, damit wieder Kraft in eure müden Hände und eure zitternden Knie kommt!
Geht gerade Wege, damit die lahmen Füße nicht auch noch verrenkt, sondern wieder heil werden.«
Hebräer 12, 12–13

»Und Gott sah alles, was er geschaffen hatte, und siehe, es war sehr gut.«
1. Mose 1, 31

»Gesundheit erflehen die Menschen von den Göttern, daß es aber in ihrer Hand liegt, diese zu erhalten, daran denken sie nicht.«
Demokrit, 460 v. Chr.

»Krankheit verschafft Befriedigungen, die es dem Kranken verwehren, gesund zu werden.«
Nathalie Sarraute

»Zuerst verbraucht man seine Gesundheit, um zu Geld zu kommen; dann sein Geld, um die Gesundheit zurückzuholen.«
Robert Lembke

»Kein Reichtum geht über den Reichtum der Gesundheit und keine Freude über ein frohes Herz.«
Jesus Sirach 30, 16

»Bald darauf war ein jüdisches Fest, und Jesus ging nach Jerusalem. Am Schaftor in Jerusalem befindet sich ein Teich mit fünf offenen Hallen. Auf hebräisch wird er Bethesda genannt. Eine große Anzahl von Kranken lag ständig in den Hallen: Blinde, Gelähmte und Schwindsüchtige.
Unter ihnen war auch ein Mann, der seit 38 Jahren krank war. Jesus sah ihn dort liegen. Er wußte, wie lange der Mann schon unter seiner Krankheit litt, und fragte ihn: ›Willst du gesund werden?‹ Der Kranke antwortete: ›Herr, ich habe keinen, der mir in den Teich hilft, wenn das Wasser sich bewegt. Wenn ich es allein versuche, ist immer jemand vor mir da.‹ Jesus sagte zu ihm: ›Stehe auf, nimm deine Matte und gehe.‹ Im selben Augenblick wurde der Mann gesund. Er nahm seine Matte und konnte wieder gehen.«
Johannes 5, 1-9

»Denn wer sein Leben erhalten will (retten will), der wird es verlieren; wer aber sein Leben verliert um meinetwillen, der wird es finden. Was hat ein Mensch davon, wenn er die ganze Welt gewinnt, aber zuletzt sein Leben verliert.«
Matthäus 16, 25f

Denkanstöße

Wie gehen wir richtig mit Gesundheit um?
Wie verstehen wir als Christen die Gesundheitsvorsorge?
Welche Verantwortung mutet uns Gott im Hinblick auf Leib und Seele zu?

Denkanstoß Nr. 1:
Der ganze Mensch gehört Gott.

Wir gehören unserm Herrn mit Leib, Seele und Geist. Unser Herr ist an jeder Dimension interessiert. Warum? Paulus drückt es im 1. Korintherbrief so aus: »Wißt ihr denn nicht, daß euer Körper der Tempel des heiligen Geistes ist? Gott hat euch seinen Geist gegeben, der jetzt in euch wohnt. Darum gehört ihr nicht mehr euch selbst. Macht ihm also Ehre durch die Art, wie ihr mit eurem Körper umgeht!« (1. Korinther 6, 19–20).
Wir dürfen keinem Mißverständnis erliegen. Wenn der Leib der Tempel des Heiligen Geistes sein soll, dann können wir ihm keine Rumpelkammer anbieten, keine Bruchbude, keine verwahrloste Behausung, kein Zuhause, das wir runtergewirtschaftet haben. Der Tempel verlangt Tempelreinigung. Der Leib verlangt Pflege und sorgfältige Betreuung. Wer den Leib vernachlässigt, vernachlässigt seinen Tempel. Das rein Geistliche ist ohne Leib und Seele ein abstrakter Unsinn. Das rein Geistliche ist immer an Leib und Seele gebunden. Das rein Geistliche kommt im Leben, im Handeln, in unserer Sprache und in unserer Erscheinung zur Sprache. Unser Leib ist im Hinblick auf den Glauben kein überflüssiges Anhängsel.
Ich komme aus dem CVJM. Das Zeichen des CVJM ist ein gleichseitiges Dreieck. Es symbolisiert den *ganzen* Menschen nach Leib, Seele und Geist. Der CVJM wollte dem ganzen Menschen dienen. Darum haben wir die Dreiteilung sehr ernst genommen.

Sport für den Leib, Leibesertüchtigung. Geschichten, Lieder, Kultur für die Seele.
Gottes Wort für den Geist und den ganzen Menschen. Wer den Leib nicht pflegt, versündigt sich an seinem Tempel, an seinem Körper. Wer den Leib vernachlässigt, ehrt Gott nicht. Wer den Leib nicht ertüchtigt, huldigt einer falschen Theologie.
Die griechischen Philosophen waren der Meinung, daß nur die unsterbliche Seele wichtig sei, der Leib sei uninteressant, er gehöre den Würmern. Das ist nicht die Botschaft des Neuen Testamentes. Noch mal: Wer seinen Leib mißachtet, mißachtet den lebendigen Gott.
Rauchen, zuviel Alkohol, zuviel Fett, zuwenig Bewegung, Überehrgeiz in der Arbeit und viele andere Dinge sind eindeutig *Sünden*, die der Leib, der Tempel des Heiligen Geistes, ausbadet.
Die drei Dimensionen unseres Lebens gehören untrennbar zusammen. Unser Herr hat ein Wunderwerk geschaffen. Forscher entdecken immer neue Zusammenhänge. Die Psychoneuro-Immunologie beschäftigt sich mit Bereichen des menschlichen Körpers und Wesens, die sich wechselseitig beeinflussen: der Seele, dem Nervensystem, dem Immunsystem und dem Abwehrsystem unseres Organismus.
Ein Beispiel: Man hat Studenten der Universität einen Film von Mutter Teresa gezeigt. Vor dem Film wurde ihr Blut analysiert. Nach dem Film, der etwa 30 Minuten dauerte, wurde das Blut untersucht. Die weißen Blutkörperchen, die Polizisten im Blut, hatten sich bei den meisten stark vermehrt. Das Immunsystem wurde gestärkt. Das heißt für uns Christen: Gebete, Lieder, Glaube, Hoffnung, Zuversicht, die der Christ aus tiefstem Herzen praktiziert, haben *nachweislich* eine gesundheitsfördernde Wirkung.

- Unser *Glaube* ist ein Geschehen, das Leib, Seele und Geist beeinflußt.
- Es ist von daher keine Frage, daß auch negative Gefühle, Mißtrauen, Angst, Unzufriedenheit, Kritiksucht und Ag-

gressionen unseren gesamten Organismus negativ beeinflussen und schädigen.

Denkanstoß Nr. 2:
Verkündigen und heilen gehören zusammen.

Wir lesen von Jesus und seinen Jüngern immer wieder: »Sie gingen hinaus und zogen von Dorf zu Dorf, predigten das Evangelium und machten gesund an allen Orten« (Lukas 9, 6). Jesus schickte seine Jünger in die Dörfer, das Reich Gottes zu predigen und zu heilen, zu verkündigen und Menschen gesund zu machen.

»... und machten gesund ... « Unter dieser Überschrift veröffentlichte Pfarrer Ulrich Bach, der selbst als Behinderter im Rollstuhl sitzt, folgendes Erlebnis aus seiner Diakoniearbeit. »Gestern lernte ich eine Lehrerin kennen, die schwerstbehinderten Menschen Einzelunterricht gibt. Sie können alle nicht sprechen. Mit jedem einzelnen muß eine Methode gefunden werden, miteinander Verbindung aufzunehmen. Sie erzählte von einem jungen Mann. Er war 20 Jahre, und die Eltern hatten keinen Weg gefunden, um von ihrem Sohn wenigstens ein ›ja‹ und ›nein‹ signalisiert zu bekommen. In monatelanger Arbeit hat die Lehrerin ihm Wege eröffnet, auf denen er sich ausdrükken kann. Die beiden schreiben jetzt Aufsätze. Es dauert mehrere Tage, bis ein Aufsatz fertig ist. Ich überlege, was wohl ein Mensch leidet, wenn es in ihm wimmelt von Sätzen, Beobachtungen, Fragen, und nichts kann er nach draußen bringen. Aber jetzt kann er sich äußern. Ich verstehe nicht, daß so etwas nicht durch die Presse geht. Wenn jemand irgendwo abstürzte, ein Suchtrupp findet ihn nach einer Woche lebend wieder und bringt ihn zurück in die menschliche Gemeinschaft – *das* ist eine Meldung. Tat die Lehrerin nicht ähnliches? Sie gab einem geistig Verschollenen Anschluß an die menschliche Gesellschaft.«[22]

Wir können nur ahnen, was in dem Schwerstbehinderten vor sich geht, der nicht sprechen und sich nicht mitteilen kann und der in monatelanger Arbeit lernt, die simpelste Botschaft mit lieben Angehörigen auszutauschen. Wieviel unbeschreibliche innere Not muß dieser Kranke bisher ausgehalten haben! Was würde dieser Mensch darum geben, gesund zu sein! Und was für eine Leistung der Lehrerin, die einem »geistig Verschollenen« Anschluß an die menschliche Gesellschaft vermittelt hat.

Denkanstoß Nr. 3:
Wir tragen Verantwortung.

Der ehemalige erfolgreiche Sportler und Seminarleiter für Führungskräfte Gert von Kunhardt beschreibt den Zusammenhang von Gesundheit und Verantwortung folgendermaßen:
»Der zeitgenössische Philosoph Hans Jonas hat in seinem wegweisenden Buch ›Das Prinzip Verantwortung‹ deutlich gemacht, daß wir nicht mehr ausweichen können. Wir sind aufgefordert, *die Verantwortung prinzipiell selbst zu übernehmen* und nicht immer über die Unfähigkeit der ›eigentlich Verantwortlichen‹ zu klagen.
Was unsere Person und unsere Gesundheit anbetrifft, so leben wir zwar in einer Gemeinschaft, auf die wir angewiesen sind. *Es kann uns aber niemand die Verantwortung für uns selbst abnehmen.*
Kein anderer Mensch kann für uns atmen, essen, verdauen oder schlafen, nicht einmal fühlen oder sehen. Das können nur wir allein.
Deshalb gilt, was der Präsident der Stiftung für Gesundheitsbewußtsein der Universität Kalifornien Edward A. Traub sagt: ›Der Gesundheitszustand der Menschen hängt in der Zukunft nicht mehr davon ab, was andere für sie tun, sondern davon, was sie bereit sind, selbst zu tun.‹«[23]

Das Wort »Verantwortung« stammt aus der Richtersprache. Der Angeklagte hat dem Ankläger Rede und Antwort zu stehen. Die Vorsilbe *ant* entspricht sprachgeschichtlich dem Griechischen *anti* (gegen). Die Antwort, die in der Verantwortung steckt, ist also eine *Gegenrede*. Mich trifft ein Wort und ruft mich zum Gegen-Wort, ich antworte. Der Höherstehende ruft den Untergebenen zur Verantwortung. Das ist ein personhafter Vorgang, der sein Urbild darin hat, daß Gott als der Herr und Richter den Menschen ruft: »Kain, wo ist dein Bruder Abel?« (1. Mose 4, 9).

Verantwortung lebt und wirkt zwischen Personen. Gott hat den Adam gerufen, den Kain, und er ruft uns zur Verantwortung. Er hat uns einen Leib gegeben, mit dem wir nicht machen können, was wir wollen.

Ausgesprochen hilfreich hat der Theologe Professor Ernst Lange diese Verantwortung gegenüber den Menschen ausgedrückt:

»Ein Mann ist als Bote in einem großen Betrieb angestellt. Da er viele Wege zu erledigen hat, stellt ihm der Betrieb ein Dienstfahrzeug zur Verfügung. Nach einer Weile zeigt sich, daß der Mann das Fahrzeug nicht pflegt, sondern rücksichtslos kaputtfährt und verkommen läßt. Man wird es ihm also wieder wegnehmen, aber nicht nur das. Man wird ihn entlassen. Denn wie kann einer ein brauchbarer Bote sein, der so mit seinem Dienstfahrzeug umgeht? Mein Leib ist das Gefährt meines Lebens. Ich habe ihn empfangen. Darum hat er Anspruch auf Erhaltung und Pflege ... Wenn ich mein ›Dienstfahrzeug‹ zerstöre, bin ich als ›Bote‹ unbrauchbar und werde entlassen.«[24]

Wir sind seine Boten, unterwegs für ihn. Er hat uns einen Leib als »Dienstfahrzeug« zur Verfügung gestellt. Wollen wir es verkommen lassen? Gott hat uns ein unbeschreibliches Kapital zur Verfügung gestellt. Wir können damit arbeiten. Es gehört ihm. Ich glaube, daß mein Herr nicht kleinlich ist und mir meine »Privatfahrten« nicht mit dem Rotstift vorrechnet. Aber wenn ich mein »Dienstfahrzeug« mißbrauche und sein Eigentum mutwillig schrottreif fahre, handle ich wie der Bote, der sich gegen seinen Arbeitgeber stellt. Lebe ich auf eigene Faust, vertreibe ich den Heiligen Geist aus meinem Leben.

Denkanstoß Nr. 4:
Das ewige Leben hat Vorfahrt.

Hauptsache gesund … oder wahres Leben, das ist die Frage.
Der Schweizer Arzt und Psychiater Dr. Samuel Pfeifer gab seinem Buch »Gesundheit um jeden Preis?« das biblische Motto mit auf den Weg:
»Was nützt es dem Menschen, wenn er sich bester Gesundheit erfreut, und doch Schaden an seiner Seele nimmt?«
Dr. Pfeifer hat das Bibelwort leicht abgewandelt, aber den Kern der Sache getroffen. Wer vor Gesundheit nur so strotzt und Schaden an seiner Seele, an seinem wirklichen Leben, an seiner ewigen Existenz nimmt, der ist zu bedauern. Wer *alles* um Christi willen wagt, der wird das Leben finden.
Wer um Christi willen *alles* einsetzt, muß auch an sich denken. Das ist kein Widerspruch, sondern eine geistliche Grundannahme. Eine Kernaussage des Alten und Neuen Testaments lautet nicht umsonst: »Liebe deinen Nächsten wie dich selbst.« Darum schrieb der Gründer eines Mönchsordens, Bernhard von Clairvaux, an Papst Eugen III., einem seiner früheren Mönche:
»Auch Du bist ein Mensch. Damit Deine Menschlichkeit allumfassend und vollkommen sein kann, mußt Du also nicht nur für alle anderen, sondern auch für Dich selbst ein aufmerksames Herz haben. Denn was würde es Dir sonst nützen, wenn Du – nach dem Wort des Herrn (Was hat ein Mensch davon, wenn er die ganze Welt gewinnt, aber zuletzt sein Leben verliert? Matthäus 16, 26) – alle gewinnen, aber als einzigen Dich selbst verlieren würdest? Wie lange noch schenkst Du allen anderen Deine Aufmerksamkeit, nur nicht Dir selbst? Ja, wer mit sich selbst schlecht umgeht, wem kann der gutsein?

Denk also daran: Gönne Dich Dir selbst. Ich sage nicht: ›Tu das immer.‹ Ich sage nicht: ›Tu das oft.‹ Aber ich sage: ›Tue es immer wieder einmal. Sei, wie für alle anderen, auch für Dich selbst da.‹«[25]

Dem Papst, seinem ehemaligen Schüler im Kloster, gibt er den guten Rat, auch *für sich* zu sorgen. Wer für alle anderen dasein will, muß auch an sich denken. Wer sein Leben an andere verströmt, muß sein Herz mit Liebe füllen lassen. Wer vielen anderen Aufmerksamkeit schenkt, muß sich selbst auch Aufmerksamkeit schenken. Nur wer selbst erfüllt ist, kann andere erfüllen. Nur wer selbst beschenkt ist, kann andere beschenken.

Von meinem geistlichen Lehrer Johannes Busch, dem Bruder von Wilhelm Busch, dem damaligen Bundeswart des CVJM und Landesjugendpfarrer von Rheinland und Westfalen, habe ich oft das Wort gehört: »Hauptsache, daß die Hauptsache die Hauptsache bleibt.«

Ist Gesundheit die Hauptsache, oder geht es um mehr? Keine Frage: Gesundheit ist ein wichtiges Gut. Gesundheit ist ein großes Geschenk Gottes. Aber was machen Menschen, die körperlich, seelisch und geistig krank sind? Was machen Menschen mit Behinderungen? Wie sollen sie mit ihrem Schicksal fertig werden? Ist nicht ein Leben in Sinnlosigkeit, Schuld und Verzweiflung schlimmer als körperliches Leiden? Wer sein Leben erhalten will, wer dem irdischen Leben und damit der Gesundheit absoluten Vorrang einräumt, der wird es verlieren. Jesus hat recht. Bei ihm bedeutet Gesundheit mehr als nur Heilung von Krankheit. Ihm geht es um ewiges Leben. Jesus geht es um das gestörte Verhältnis zum lebendigen Gott. Irdisches Leben und Gesundheit sind ein Geschenk, zweifellos. Ewiges Leben aus Christus ist unbezahlbar. Ewiges Leben aus Christus hat uneingeschränkte Priorität.

Ein Gebet von Blaise Pascal:

»Vater im Himmel, ich bitte weder um Gesundheit noch um Krankheit, sondern darum, daß du über meine Gesundheit und

meine Krankheit, über mein Leben und meinen Tod verfügst, zu deiner Ehre und zu meinem Heil.
Du allein weißt, was mir dienlich ist; du allein bist der Herr. Tue, was du willst, gib mir, nimm mir, aber mache meinen Willen deinem Willen gleich, daß ich in demütiger, vollkommener Unterwerfung und heiligem Vertrauen deine Befehle empfange. Amen.«

»Ich will alles hundertprozentig machen!«

Vom richtigen Umgang mit Perfektionismus

Frau Schubert, eine Frau von 34 Jahren, kommt in die Seelsorge. Sie ist seit acht Jahren verheiratet, und zwei Kinder von vier und sechs Jahren gehören zur Familie. Sie ist adrett gekleidet. Ihre Haare sind sorgfältig gekämmt. Ihr Gesicht ist dezent geschminkt. Die Schuhe glänzen und sind gut auf Kleid und Tasche abgestimmt. In der Hand hält sie eine Handtasche, die farblich hervorragend die Kleiderfarbe und einen Teil der zweifarbigen Schuhe widerspiegelt. Mein erster Eindruck: eine Frau, die mir wie aus dem Modejournal leibhaftig entgegentritt. Ich bitte sie, Platz zu nehmen, und es dauert eine Weile, bis sie das Handtäschchen korrekt im rechten Winkel zum Tisch abgelegt, ihren Rock geradegezupft und ihre Hände artig über dem Schoß gefaltet hat. Ihre Sprechweise ist äußerst präzise, und man spürt, sie hat ihr Anliegen schon etliche Male im Geist formuliert.

»Ich bin acht Jahre verheiratet und acht Jahre unglücklich. Meine Erwartungen an den Mann, an die Ehe, an die Kinder, an den Glauben, an das Leben in einer Freikirche haben sich nicht erfüllt. Ich bin enttäuscht, meine Ideale sind zerbrochen. Und mein Mann sagt: ›Das liegt nur an dir!‹ Ich verstehe das nicht. Kann man denn als Christ zu hohe Maßstäbe haben? Erlaubt mir die Bibel, lasch und großzügig zu sein?« Frau Schubert schaut mich aus großen Augen an und erwartet meine Antwort.

Mir geht es an dieser Stelle nicht darum, den kompletten Seelsorgeprozeß zu beschreiben, sondern in einigen Hinweisen zu verdeutlichen, was die Frau im Klartext ausdrückt und wo ihre Konflikte liegen.

Hinweis 1:
Der Perfektionist wird in seinem Vollkommenheitsstreben nie ein glücklicher Mensch. Glück spiegelt Zufriedenheit wider. Zufrieden kann er nicht sein, weil *alles*, was er denkt, fühlt, glaubt und tut, verbesserungswürdig ist. Wie sagt Frau Schubert: »Ich bin acht Jahre verheiratet und acht Jahre unglücklich!«

Hinweis 2:
Der Perfektionist hat Idealvorstellungen und landet in der Verzweiflung. Frau Schubert geht mit Idealvorstellungen an ihre Umgebung, an die Ehe, an die Kinder, an den Glauben und an das Leben heran. Ideale Maßstäbe, die wir hegen und pflegen, rufen Bitterkeit und Resignation hervor. Je höher die Ideale, desto tiefer die Enttäuschungen. Dieser Zusammenhang wirkt wie ein Naturgesetz. Wie sagt Frau Schubert: »Ich bin enttäuscht, wenn Ideale nicht zutreffen.«

Hinweis 3:
Der Perfektionist will überall perfekt sein. Die meisten Menschen, die Perfektionismus auf ihre Fahne geschrieben haben, streben auf vielen Gebieten Perfektion an. Frau Schubert ist äußerlich eine makellose Frau. Haare, Schuhe, Kleider und Handtasche sind hervorragend aufeinander abgestimmt. Auch äußerlich wirkt sich der Perfektionismus aus.

Hinweis 4:
Der Perfektionist erscheint der Umgebung wie ein Tugendmensch. In vielen Gemeinden wird Perfektionismus als nachahmenswerte Tugend empfohlen. Haltung, Gesinnung, Glaube und Leben erscheinen den Mitmenschen als moralisches

Vorbild. Daß aber der Pharisäismus durch alle Ritzen schimmert, das bleibt vielen Christen verborgen. Ganz davon abgesehen, daß Perfektionisten mit ihren Idealvorstellungen oft zum Tyrannen werden. Die Umgebung wehrt sich. Die Ansprüche sind zu hoch. Der Widerstand wird deutlich. Die Umgebung flieht vor der Tyrannei. Wie sagt Frau Schubert: »Meine Tochter ist ein Chaosmädchen. Mit vier Jahren macht sie noch in die Hose. Mein Sohn geht das erste Jahr zur Schule und ist ein Versager.«

Perfektionismus ist für viele Menschen ein unseliger Begleiter. Er redet ihnen Idealvorstellungen ein, die gelebt und praktiziert werden müssen. Die Maßstäbe, die Perfektionisten sehen, sind unerreichbar. Ihre Normen und Maßstäbe sind höher als die der lieben Mitmenschen. Sich selbst und andere setzen sie mit diesen hohen Idealen und Zielen unter Druck. Ihre Zeit und ihre gesamte Energie invenstieren sie in dieses Vollkommenheitsstreben. Was der Perfektionist denkt, soll lückenlos sein. Was er macht, muß gründlich und fehlerlos sein. Was er von anderen erwartet, muß diese Normen erfüllen. Daß er streßgeplagt ist, erscheint selbstverständlich. Denn Perfektionisten, die alles richtig, alles sauber, alles moralisch und alles formvollendet ausführen wollen, kommen seelisch unter Druck, körperlich in Schweiß und glaubensmäßig in Verzweiflung. Perfektionismus ist harte Arbeit. Und die hohen Ziele – auf welchem Gebiet auch immer – machen den Inhaber unglücklich.

Was ist ein Perfektionist?

Er ist tadellos.
Er ist makellos.
Er ist fehlerfrei.
Er ist außerordentlich.
Er ist übergewissenhaft.
Er ist pingelig.

Er ist ein Buchstabendenker.
Er ist ein Sophist.
Er kann zum Wortklauber werden.
Er denkt und handelt moralistisch.
Er vertritt sehr hohe Maßstäbe.
Er strebt das Vortreffliche an.
Er tendiert zur Vollkommenheit.
Er will sich nichts zuschulden kommen lassen.
Er hat hochgesteckte Erwartungen.
Er treibt sich selbst zum unerreichbaren Ziel an.
Er will alles hundertprozentig machen.
Perfektionisten sind Männer und Frauen, die etwas so gut machen wollen, daß es möglichst nicht mehr zu verbessern ist.

Perfektionismus – ein Selbsterforschungsfragebogen

	Stimmt nicht	Stimmt etwas	Stimmt voll
Ich habe ziemlich ideale Vorstellungen von mir, an die anderen und vom Leben.			
Wenn mir etwas nicht gelingt, kann ich in Panik geraten.			
In Haus, Familie, Kindererziehung und im Glauben an Christus strebe ich das Optimale an.			
Es fällt mir schwer, mir Fehler zu verzeihen, die mir Gott längst vergeben hat.			
Im allgemeinen bin ich eher unzufrieden.			
Ich habe oft das Gefühl, nicht zu genügen.			

	Stimmt nicht	Stimmt etwas	Stimmt voll
Am liebsten hätte ich eine Entweder-oder-Lösung.			
Mich beschleicht eine große Unruhe, wenn die Dinge nicht so laufen, wie ich sie gedacht habe.			
Ich darf mir nichts zuschulden kommen lassen, darf keinen Fehler machen.			
Ich strebe das Vollkommene an und bin unglücklich, wenn es mir nicht gelingt.			
Ich habe an mich und andere hohe Erwartungen.			
Ich bin sehr enttäuscht, wenn meine Kinder, mein Partner, meine Kollegen oder Mitarbeiter nicht sorgfältig arbeiten.			
Wenn meine Ansprüche nicht erfüllt werden, kann ich in Panik geraten.			
Ich stimme mit Goethe und der Bibel überein: »Wer immer strebend sich bemüht, den können wir erlösen.«			
Wenn die Ergebnisse hinter meinen Erwartungen zurückbleiben, kann ich mit Versagensängsten und Resignation reagieren.			

Anmerkungen zum Selbsterforschungsfragebogen:

1. Füllen Sie ehrlich und ohne lange Überlegung den Bogen aus. Es ist kein Text, der objektiv Ihre Persönlichkeit widerspiegelt.
2. Der Fragebogen kann lediglich Tendenzen Ihrer Lebensgrundüberzeugungen anpeilen. Er befragt Sie, in welchem Maße perfektionistisches Streben in Ihnen lebendig ist.
3. Sie können gern den Fragebogen vom Partner, von guten Freunden oder Bekannten ausfüllen lassen. Angehörige und Freunde gehen oft unvoreingenommener an diese Fragen heran. Sie geben Eindrücke und Empfindungen wieder, die Sie möglicherweise nicht wahrhaben wollen.
4. Die Auswertung ist denkbar einfach: Je mehr Aussagen Sie mit »stimmt etwas« und »stimmt voll« angekreuzt haben, desto offensichtlicher befinden Sie sich im Überzeugungsbereich des Perfektionisten.
5. Haben Sie den Eindruck, wenn Sie mehr als fünf Aussagen als stimmig erleben, daß Sie Ihrem Perfektionismus – auf welchem Gebiet auch immer – entgegenwirken sollten?
6. *Wozu* müssen Sie besonders perfektionistisch sein?
7. *Wie* lauten Ihre zentralen Lebens-Leit-Motive?
8. *Wo* reagieren Menschen in Ihrer Umgebung negativ auf Ihre Einstellung?
9. *Was* sagt – Ihrer Meinung nach – die Bibel zu Ihren Lebensgrundüberzeugungen?

Dreizehn Kennzeichen eines Perfektionisten

Kennzeichen 1: Perfektionisten sind intolerant.
Weil er von sich und anderen das Beste und Vollkommene fordert, wird er intolerant. Er kritisiert an anderen und an sich herum. Mängel und Fehler fallen ihm sofort ins Auge. Seine hohen Maßstäbe kann er nicht verleugnen. Seine Erwartungen sind kaum zu erfüllen. Seine Nörgelei macht das Zusammen-

leben und die Zusammenarbeit schwer. Großzügigkeit ist für ihn ein Fremdwort und widerspricht völlig seinem Lebensstil. Wer großzügig denkt und handelt, ist in den Augen des Perfektionisten oberflächlich, ungenau und unzuverlässig.

Kennzeichen 2: »Perfektionisten stehen unter der Tyrannei des Sollens und Müssens.«
So hat es die Psychologin der Neoanalyse, Karen Horney, formuliert. Perfektionisten glauben, sie sollten ehrlicher, tapferer, intelligenter, moralischer, schneller, ehrgeiziger und einfach besser sein. Das *Müssen* wird zur Faust im Nacken.
- Sie *müssen* sich anstrengen.
- Sie *müssen* das Beste aus sich herausholen.
- Sie *müssen* perfekt sein.
- Sie *müssen* eine sehr gute Mutter sein.
- Sie *müssen* ein guter Vater sein, ein guter Erzieher und ein guter Christ.

Goethe hat den geistlich völlig falschen Satz formuliert: »Wer immer strebend sich bemüht, den können wir erlösen.« Diese falsche Glaubensüberzeugung spiegelt Selbsterlösung wider. Christus hat *alles* für uns getan. Am Kreuz hat er alle Schuld gesühnt. Kein Müssen und Sollen, keine Leistungen und frommen Werke können wir uns abzwingen, die sein Erlösungswerk abrunden würden. Ein Liedvers drückt es geistlich korrekt aus: »Nichts hab ich zu bringen, alles, Herr, bist du.«

Kennzeichen 3: Perfektionisten sind Entweder-oder-Denker.
Sie machen etwas ganz oder gar nicht. Sie sind *übergenau*, *übergewissenhaft*, *übermoralisch*, *übertreu* – oder sie lassen es ganz. Nur wenige kapitulieren vor diesen himmelstürmenden Forderungen. Sie fallen ins Gegenteil. Resignation und völlige Inaktivität sind die Folge ihrer Selbstüberforderungen. Wer nicht zur Vollkommenheit ja sagt, landet unweigerlich in der lähmenden Verzweiflung. Mittelmaß und Durchschnitt werden abgelehnt.

Ich hatte einen Oberschüler in der Beratung. Aufgrund seiner Leistung hatte er eine Klasse übersprungen. Er schrieb Einsen oder Sechsen. Wenn er Aufgaben auf Anhieb nicht lösen konnte, gab er leere Blätter ab. Ein ausgesprochenes Entweder-oder-Denken. Entweder bin ich beliebt oder gehaßt. Entweder bin ich der Beste oder der Schlechteste. Entweder bin ich wertvoll oder ich bin wertlos.

Der Seher Johannes formuliert im Sendschreiben an die Gemeinde in Laodizea: »Ich kenne deine Werke, daß du weder kalt noch heiß bist. Ach, daß du kalt oder heiß wärest. Also, weil du lau bist und weder heiß noch kalt, werde ich dich ausspeien aus meinem Munde« (Offenbarung 3, 15–16).

Für Menschen, die fünfe gerade sein lassen, die »kleine Lügen« und »Kavaliersdelikte« für harmlose Spielereien halten, ist das Bibelwort eine hilfreiche Zurechtweisung. Aber für Christen, die in ihrem Glaubensleben Perfektionismus auf ihre Fahnen geschrieben haben, kann dieses Wort Gift sein.

Ein amerikanischer Psychiater, Bernhard H. Shulman, behauptet: »Entweder-oder-Denken ist die Vorstufe zur Psychose.«[26]

Auf eine kurze Formel gebracht, können Aussagen solcher Menschen dann so lauten:

- »Entweder kaufe ich mir einen erstklassigen und wertvollen Mantel, oder ich verzichte darauf.«
- »Entweder trinke ich einen erstklassigen Sekt, oder ich bleibe bei Selters.«
- »Entweder wird das Konzert ein wirklicher Genuß, dann bezahle ich auch den teuersten Platz, oder ich schenke mir das Vergnügen.«
- »Entweder du gehorchst deinen Eltern, oder du kannst sofort deine Koffer packen und auf Nimmerwiedersehen verschwinden.«
- »Entweder gewinne ich dieses Risiko, das ich eingehe, oder ich verliere alles.«

Wer als Christ mit perfektionistischen Zügen entdeckt, daß er die Vollkommenheit in erster Linie nicht erreicht, wirft alles hin und fällt ins andere Extrem. Das Streben nach Selbstgerechtigkeit und Gottähnlichkeit wird sichtbar.

Kennzeichen 4: Perfektionisten sind unzufrieden.
Wie erklären wir uns das? Ihre Ziele sind zu hoch. Sie jagen Idealen nach, die Frustration, blutige Nasen, Angst und Entmutigung zur Folge haben. Sie fallen von einem Extrem ins andere. Wird die Perfektion nicht erreicht – und wer erreicht sie schon –, melden sich Enttäuschungen, mangelnde Lebensfreude und Unglücklichsein. Die Überanstrengungen haben sich nicht gelohnt. Viele Unzufriedene huldigen dem Perfektionismus. Sie wollen zuviel und bauen systematisch an ihrer Unzufriedenheit. Unzufriedene Menschen und Christen sind *fehlerorientiert.* Sie sehen die Mängel und nicht den Erfolg. Sie schauen auf die Lücken und nicht auf das Gelungene. Sie schauen wie Petrus auf das Wasser und nicht auf den Herrn. Wer fehlerorientiert ist, erzieht sich zur Unzufriedenheit und zur Selbstkritik.

Kennzeichen 5: Perfektionisten leben gefährdet.
»Wo Perfektion zum Tode führt.« Das ist die Zwischenüberschrift eines Beitrages in der Zeitschrift GEO über wissenschaftliche Untersuchungen von schweren Unglücksfällen und Katastrophen. Die Autorin berichtet von Untersuchungen über »menschliches Versagen« und zitiert dabei den Psychologen der Universität Hamburg-Harburg, Professor Theo Wehner:
»Kinder sind ein ideales Studienobjekt für Fehlerforscher. Nicht nur, weil sie am laufenden Band ebenso köstliche wie enervierende ›Fehlleistungen‹ produzieren, sondern weil sie jedem Beobachter zu einer wichtigen Erkenntnis verhelfen, daß ein Leben ohne Fehler im Grunde unmöglich, ja unmenschlich ist … Was ist ein Fehler? Ein Fehler ist die Abweichung von Wahrheit. Aber von welcher? Absolute Wahrheit, das wissen Erkenntnistheoretiker ebenso wie Theologen, ist menschlicher Kenntnis prinzipiell entzogen. Was heute grund-

falsch erscheint, kann morgen, in einem anderen Zusammenhang, goldrichtig sein. Fehler und Irrtümer eröffnen häufig neue Möglichkeiten und bieten unerwartete Einsichten in Bestehendes. Wenn sich Lebewesen fortpflanzen, kommt es immer wieder zu ›Kopierfehlern‹ bei der Weitergabe von Erbinformationen. Solche Mutationen – wörtlich ›Veränderungen‹ – produzieren im Laufe der Zeit immer wieder neue ›Modelle‹, aus denen sich neue Arten und schließlich neue Gattungen entwickeln.«[27]

Aus den Untersuchungen ergeben sich einige Schlußfolgerungen:

1. Die Forscher behaupten, daß wir aus Fehlern nur lernen können. »Aus Schaden wird man klug«, sagt das Sprichwort.
2. Fluglehrer, die Flugschüler an Simulatoren ausbilden, haben dabei entdeckt, daß es sogenannte »Überflieger« gibt, die nie einen Fehler bei den Simulationen machen. Diese sind gefährdeter als andere, weil sie innerlich zu sicher sind und aus Fehlern nicht gelernt haben.
3. Die Automatisierung hat unbestritten große Vorteile. Der große Nachteil ist, daß die Arbeiter verleitet werden, im Ernstfall Improvisationstalent, Kombinationsgabe und Phantasie zu entwickeln. Wer nicht mit Fehlern operiert, wer nicht aus Fehlern lernen kann, wird zur falschen Sicherheit verleitet. Nur die Fehler bei Flugzeugabstürzen, Tankerunglücken, Häuser- und Brückeneinstürzen sorgen für Gefahrenverminderung. Fehlerlosigkeit ist ein Fehler. Auch geistlich ist Fehlerlosigkeit eine schwere Sünde. Die Einbildung beinhaltet Hochmut.

Kennzeichen 6: Perfektionisten streben das Absolute an.

Sie halten Mittelmäßigkeit für ein Versagen, eine Durchschnittsleistung ist nicht der Rede wert. Nur das Optimale zählt, das Überdurchschnittliche, das Utopische.

Ich hatte einen Mann in der Beratung, der in seinem Beruf als Leiter einer großen Konzernagentur unglücklich war. Nervlich stand er vor dem Zusammenbruch. Ein Arzt hatte ihn mit Beruhigungspillen gedämpft. Nur seine himmelstürmenden Ziele waren nicht gedämpft. Mehrere Male in seinem Leben hatte er schon den Beruf gewechselt. Nicht zufällig war er dreimal verheiratet, und die Unzufriedenheit mit der jetzigen Frau kam in allen Äußerungen zur Sprache. Nebenbei erzählte er mir, daß er einen guten Kassettenrecorder suchte. Er sei schon in allen Wuppertaler Geschäften gewesen, aber das Gesuchte hätte er nicht gefunden. »Was darf der Kassettenrecorder denn kosten?«, fragte ich arglos – und er antwortete ganz selbstverständlich: »Zwischen 3000,– und 8000,– DM.« Er verstand das nicht als Witz. Der Mann sucht die Vollkommenheit, das Absolute, das Utopische. Utopia ist ein Land, das es nicht gibt. Immer wieder sprach er von der »göttlichen Musik«, von einem »göttlichen Spiel« und von »absoluter Spitze«. Während er mir das alles erzählte, schrieb ich auf ein großes weißes Blatt den Satz: »Sie wollen wie Gott sein. Ich glaube felsenfest, daß es mißlingt.« Das Blatt Papier schob ich ihm über den Tisch. Er lächelte: »Ich muß es probieren, sonst kann ich nicht mehr leben!« Das Allmachts- und Gottähnlichkeitsstreben steckt vielen Menschen im Blut. Es ist die Ursünde der Menschen. Gibt es darum so viele Perfektionisten, die dieses un-menschliche und un-geistliche Ziel nicht aufgeben können?

Kennzeichen 7: Perfektionisten sind herrschsüchtig.

Wer überragende Leistungen anstrebt, sich mit seinen Ansprüchen und Erwartungen über den Durchschnitt erhebt, wird unter der Hand herrschsüchtig.

Seine *Maßstäbe* geben den Ton an, seine *Erwartungen* bestimmen das Klima, seine *Ansprüche* beschreiben die hochgesteckten Ziele.

Perfektionisten suchen Bewunderung und Anerkennung. Kinder und Partner werden schnell zu Vorzeigemenschen. In den hohen Erwartungen verstecken sich Macht und Herrschaft. Wer hohe Ziele anpeilt, schaut vielleicht ungewollt auf andere

herab, die sich mit kleinen Zielen zufriedengeben. Mittelmäßigkeit und Durchschnitt sind für Perfektionisten inakzeptabel. Sie üben Druck aus, manipulieren ihre Umgebung und puschen sie nach vorn.
Perfektionisten können Tyrannen sein. Eltern treiben ihre Kinder an, Eheleute stacheln sich gegenseitig an, und Vorgesetzte fordern Überdurchschnittliches von ihren Untergebenen. Perfektionisten nutzen Menschen für ihre Zwecke aus. Sie können unempfindlich und hartherzig sein, aggressiv werden. Allerdings müssen sie mit Widerstand rechnen. Nicht alle Kinder, Partner oder Kollegen stimmen mit den anstrengenden Leitmotiven überein. Sie wehren sich verbal, ziehen sich zurück, stellen sich dumm, machen in hilflos oder werden krank. Die Herrschaft der Perfektionisten hat nur eine begrenzte Wirkung.

Kennzeichen 8: Perfektionisten sind einsame Spitze.
Sie haben sicher diesen Ausdruck schon gehört: »Der Mann ist einsame Spitze.« Der Mann ist hervorragend – aber einsam. Er hat keine Zeit, die Arbeit frißt ihn auf. Das Streben, anderen überlegen zu sein, Aufgaben perfekt zu erledigen, alles unter Kontrolle zu haben, utopische Ziele zu erreichen, die überhöhten Maßstäbe zu erfüllen, machen unzufrieden, überfordern und beeinträchtigen die Gemeinschafts- und Freundschaftsfähigkeit. Wer alles besser kann und besser machen will, wird vielleicht bewundert und geachtet, aber nicht geliebt. Er belastet seine Umwelt mit ständiger Selbstkritik, mit Klagen und Anklagen. Einsame Spitze, das ist eine Superleistung. Aber an der Spitze kann nur einer stehen. Rechts und links, vorn und hinten gibt es keine Freunde. Isolation und Einsamkeit sind der Preis des Perfektionisten.

Kennzeichen 9: Perfektionisten brauchen einen Sündenbock.
Perfektionisten produzieren ein übertriebenes Überlegenheitsgefühl. Das Zusammenleben mit ihnen ist schwierig. Ihr Gemeinschaftsgefühl ist negativ. Wenn ihre hohen Ziele verfehlt werden, sind immer die anderen schuld.

– *Wenn* mein Vater mich mehr gefördert hätte, …
– *Wenn* meine Mutter mich mehr geliebt hätte, …
– *Wenn* mein Bruder sich nicht an mich gehängt hätte, …
– *Wenn* meine Großeltern mehr Zeit für mich gehabt hätten, …
– *Wenn* Gott mir mehr Chancen gegeben hätte, …

Wenn der Mythos der Überlegenheit nicht seine volle Befriedigung findet, wird anderen die Schuld in die Schuhe geschoben. Perfektionisten können keine Niederlagen ertragen. Um überleben zu können, brauchen sie Sündenböcke. Denn Fehler, Schwächen, Mängel und Minuspunkte dürfen nicht sein. Perfektionisten wollen das Besondere, das Außergewöhnliche, das Makellose.

Kennzeichen 10: Perfektionismus als Nachäffung der Glaubensvollkommenheit.
Der amerikanische Seelsorger David Seamands geht schonungslos mit Perfektionisten ins Gericht. Er schreibt:
»Ich möchte unser Augenmerk auf eine Art von Depression richten, die durch ein angeschlagenes Gefühlsleben entsteht, vor allem durch eine geistliche Verzerrung, die man Vollkommenheitsstreben nennt – mit einem Wort: Perfektionismus … Anstatt uns zu heiligen Menschen und ausgeglichenen Persönlichkeiten zu machen – das heißt, zu ganzen Menschen in Christus – , macht das Vollkommenheitsstreben uns zu geistlichen Pharisäern und Neurotikern. John Wesley hat das folgendermaßen ausgedrückt: ›Manchmal wird die hervorragende Eigenschaft, ein zartes Gewissen zu besitzen, bis zum Äußersten strapaziert.‹ Wir finden einige, die sich fürchten, wo nichts zu fürchten ist, die sich ständig ohne Grund anklagen und sich einreden, etwas sei sündig, was die Schrift doch in keiner Weise verdammt, und andere Dinge für ihre Pflicht halten, von denen die Schrift nichts sagt. Man nennt das ein ängstliches Gewissen, und das ist ein schlimmes Übel. Es ist äußerst wünschenswert, daß man ihm so wenig wie möglich nachgibt, vielmehr sollte man darum beten, daß man von

diesem schweren Übel errettet wird und wieder einen klaren Verstand bekommt.«[28]

Seamands ergänzt:

- daß er in der Seelsorge mit keinem anderen Symptom mehr Probleme hat als mit dieser »geistlichen Versklavung«;
- daß diese Menschen, die mit sich nicht zufrieden sind, auch mit Gott nicht zufrieden sind;
- daß diese Menschen mit einem überempfindlichen Gewissen herumlaufen und sich ständig selbst verdammen.

Kennzeichen 11: Perfektionisten sind Nisiten.

Alfred Adler nannte die Neurotiker »Nisiten«, abgeleitet aus dem lateinischen Wort *nisi* = »wenn nicht«. Perfektionisten sind im Grunde Neurotiker, seelisch Gestörte. Sie schieben die Schuld auf die Umstände, auf die anderen. Sie halten ihren Kopf nicht hin, wollen die Schuld nicht bei sich sehen. Sie streben das Vollkommene an. Gelingt es ihnen nicht, haben sie plausible Ausreden bereit. Sie greifen zu den beiden schlichten Wörtern »wenn nicht ...«.

- »Wenn nicht meine Mutter so unordentlich und großzügig gewesen wäre, hätte ich die vollkommene Ordnung gelernt.«
- »Wenn ich nicht vier Kinder hätte, sähen meine Wohnung und der Garten vollkommen aus.«
- »Wenn ich nicht dauernd über Geldmangel klagen müßte, hätte ich eine optimale akademische Ausbildung erhalten.«
- »Wenn die Regierung nicht so liberal wäre, gäbe es in Deutschland keine Abtreibung.«
- »Wenn ich nicht diesen trinkenden Mann geheiratet hätte, wären alle meine Kinder sehr gut geraten.«
- »Wenn ich nicht als alleinstehende Mutter die Doppelrolle übernehmen müßte, wäre mein Sohn ein Geigenvirtuose geworden. Ich wollte es, aber alles kann ich nicht allein schaffen.«

Die anderen, die Umstände, die Regierung, die Kirche, die Eltern, der Partner, die Luft usw. sind schuld, daß der Perfektionismus auf der Strecke blieb. Zurück bleiben Unzufriedenheit, Unglücklichsein und Resignation. Das Schielen auf den Perfektionismus ist selbstzerstörerisch.

Kennzeichen 12: Perfektionisten sind streßblind.
Streßblindheit meint, daß der Mensch kein Gespür dafür hat, was er seinem Körper zumuten kann. Der Perfektionist hat nur ein wahnwitziges Ziel vor Augen. Dafür treibt er mit seinem Körper Schindluder. Er will es zwingen und übernimmt sich. Der Erfolg bedeutet ihm alles, die Gesundheit wenig, deshalb verliert er sie aus den Augen.
Wenn von Perfektionismus die Rede ist, sind Ordnungsliebe, Korrektheit, selbst eine milde Pedanterie, Flexibilität, Durchsetzungsfähigkeit, Überblick und Offenheit für neue Problemlösungen *nicht* gemeint.
Der Perfektionist verfügt sehr oft nicht über diese positiven Verhaltensweisen. Seine Motivation ist ein irrationaler Ehrgeiz. Ihn bestimmen zwanghaft starre, schematische Ordnungsprinzipien, zeitraubende und ängstliche Überkorrektheit, Identifizierung mit dem persönlichen Erfolg statt mit der Aufgabe, Mangel an Beweglichkeit und Offenheit für neue, einfache Lösungen.
Genau diese Eigenschaften machen den Perfektionisten empfindlich gegen Kritikpunkte, er ist leicht *kränkbar,* und das Wort sagt es deutlich, daß ihn diese Kränkbarkeit krank macht. Der Vater der Streßforschung, Hans Selye, beschreibt treffend den Perfektionisten und seine psychosomatischen Beschwerden: »Der streßblinde Mensch ist ein Perfektionist. Er ist äußerst ungeduldig mit seinen ihm untergebenen Mitarbeitern. Er ist überpedantisch und will jede Arbeit lieber selbst erledigen, als sie andere tun zu lassen. Interessant ist, daß nicht nur seine Arbeit Streß in ihm erzeugt. Häufiger stammt der Streß von einer Vielfalt von Zielen, die er sich gesetzt hat, und die Wirkung dieses Umstandes wird durch seine eigene Einstellung zu diesen Zielen gesteigert. Der streßblinde Mensch kompensiert auf eine unheilvolle Weise. Er ißt zuviel, er raucht

im Übermaß, er trinkt viel zuviel, und vor allem übernimmt er sich sehr mit geschäftlichen und sozialen Verpflichtungen, daß ihm keine Zeit mehr für die Bewegung in der freien Luft bleibt. Was geschieht? Die Antwort ist recht einfach und verständlich. Er bringt es zuwege, daß seine Drüsen den Körper mit Extrabrennstoff für seine außerordentlichen Anstrengungen versorgen. Weil diese streßblinden Menschen dauernd um den Erfolg besorgt sind und ständig enttäuscht werden, reagiert ihr Organismus so, als ob er ständig eine Last zu tragen hätte. Das Ergebnis ist eine starke Zunahme des Blutcholesterins und der Fettmoleküle im Blutstrom. Diese vergrößern ihrerseits die Gefahr einer Thrombose, besonders wenn die anderen Faktoren – Vererbung und fettreiche Kost – bereits gegeben sind.«[29]
Selye beschreibt sehr anschaulich, daß der Perfektionist nicht von äußeren Umständen und unabwendbaren Gegebenheiten streßkrank und streßblind wird. Der Mensch schafft sich seinen Lebensstil selbst. Selbstverantwortlich entscheidet er sich für ein *Bewegungsgesetz*, das von Ehrgeiz, Überlegenheitsstreben und von Begierde nach Anerkennung bestimmt wird. Seine hohen Ziele ziehen einen Rattenschwanz von weiteren Stressoren nach sich. Unruhe, Nervosität und übermäßiges Rauchen und Trinken werden zur stressenden Begleitmusik.

Kennzeichen 13: Perfektionisten landen im Selbsthaß.
Perfektionisten leiden unter der Tyrannei des Unerreichbaren. Je höher die Ziele und Wertmaßstäbe, desto tiefer das Fallen und die Resignation.
Sie ärgern sich über sich selbst, über die anderen, über Gott. Sie pflegen utopische Träume und kämpfen wie Don Quichotte gegen Windmühlenflügel. Angst, Wut und Zorn sind die ständigen Begleiter dieser Menschen.
Der Franziskanerpater Richard Rohr hat nicht umsonst die Wurzelsünde dieser Menschen mit »Zorn« charakterisiert.[30]
Warum ist das so?
– Weil sie nicht fünfe gerade sein lassen können, müssen sie auf sich und andere zornig reagieren.

– Weil sie vollkommen sein wollen, werden Ärger und Zorn verdrängt, um vor Mitarbeitern und Mitmenschen als Vorbild dazustehen.
– Weil Ärger, Wut und Zorn äußerlich nicht zugelassen werden, schlägt sich der Mensch mit Krankheiten aller Art, die sich im Körper verdrängt zu Wort melden.

Bleibt der angestrebte Erfolg aus, geraten Perfektionisten in die Selbstablehnung. Plötzlich drehen sie den Spieß um und nehmen jetzt alle Schuld auf sich. Sie fügen sich selbst Schmerzen und Verletzungen zu. David Seamands beschreibt diese Selbstabwertung so: »Die Selbstablehnung nimmt auch dann pathologische Formen an, wenn Menschen sich allmählich durch Alkohol, Drogen, exzessives Rauchen oder gravierende Essensstörungen, wie Anorexie oder Bulimie, zugrunde richten. Am Ende steht dann der Selbstmord als rapide Form der Selbstvernichtung. In jedem anerkannten Buch über den Selbstmord junger Menschen ergeht eine ernste Warnung an alle diejenigen Erwachsenen, die meinen, das Leben sei ohne Perfektionismus nicht zu ertragen. Wir alle sind den tragischen Folgen dieser Art von Selbsthaß schon begegnet, selbst bei Menschen, die sich aufrichtig bemühen, gute Christen zu sein.«[31]

Wer sich mit Messern ins eigene Fleisch schneidet, wer sich die Haare ausrauft, wer sich wütend in die Ärmel beißt, wer sich wissentlich körperlich und seelisch Schaden zufügt, der hat in der Regel den Perfektionismus zum Leitmotiv seines Lebens gemacht.

Wie kann Perfektionismus entstehen?

Es gibt keine Patentantworten. Die Entstehungsgeschichte ist auch nicht bei allen Menschen gleich. Sicher spielen Erfahrungen der Kinder mit der Umwelt eine große Rolle. Wie hat das Kind Vater und Mutter erlebt? Welche Selbsteinreden hat es im Laufe der Jahre vorgenommen? Wie erleben Kinder und

Jugendliche ihren Selbstwert? Schauen wir uns einige Entstehungsmöglichkeiten an.

Möglichkeit 1: Ohnmacht kann zum Allmachtsstreben führen.

Ohnmachtsgefühle, das Empfinden für Verlorenheit und Hilflosigkeit können Allmachtsgefühle provozieren. So jedenfalls stellt der Arzt und Psychoanalytiker Horst Eberhard Richter in einem seiner Bücher die Entstehungsgeschichte für Perfektionismus dar. Den Zusammenhang beschreibt er folgendermaßen:

»Seit dem Verlust der mittelalterlichen Gotteskindschaft leben wir in einer untergründigen heillosen Angststimmung, gegen die uns nur ein einziges Rezept eingefallen ist: uns selbst die totale Kontrolle über alle Ursachen und Kräfte aneignen zu wollen, von denen uns ja Ungemach drohen könnte. Das Entstehen vor einer unerträglichen Verlassenheit und Ohnmacht in der Welt ist somit die eigentliche Antriebsenergie, die sich hinter dem Drang nach technischer Allmacht verbirgt.«[32]

Was Richter psychoanalytisch erklärt, gilt auch entwicklungspsychologisch. Es ist eine Möglichkeit, wie sich Perfektionismus im Menschen ausbilden kann. Isolation und Hilflosigkeit, die dem Kind das Gefühl vermitteln, in einer potentiell feindlichen Welt zu leben, lassen einen Drang nach Perfektion im Erwachsenenalter entstehen. Die Grundangst fördert die Reaktion, mit Perfektionismus den Unvollkommenheiten dieser Welt zu begegnen.

Möglichkeit 2: Ich bin ein Musterkind.

Es leuchtet ein, Musterkinder müssen sauber, überlegen, gehorsam und perfekt sein. Das oft unbewußte Ziel der Kinder heißt:

- Ich will ankommen, und das erreiche ich durch mustergültiges Verhalten.
- Ich werde geliebt, weil ich gehorsamer als andere Kinder bin.

- Ich werde herausgestellt, weil meine Eltern stolz auf mich sein können.
- Ich werde bewundert, weil ich edle Ziele verfolge.
- Ich verschaffe mir Ansehen, weil meine Makellosigkeit imponiert.
- Ich stehe bei Gott durch Perfektionismus in einem besonderen Lichte da.

Der Franziskanerpater Richard Rohr beschreibt mit entwaffnender Ehrlichkeit, wie er sich als Musterkind sieht:
»EINSer sind Idealisten, die von einer tiefen Sehnsucht nach einer Welt der Wahrheit, Gerechtigkeit und moralischen Ordnung angetrieben werden. Sie tun sich schwer, eigene und fremde Unvollkommenheiten zu akzeptieren. Ich selbst bin eine EINS. Von klein an haben wir EINSer meistens versucht, Musterkinder zu sein. Schon in sehr jungen Jahren haben wir jene ausgesprochenen oder unausgesprochenen Stimmen internalisiert, die gefordert haben: ›Sei brav! Benimm dich! Streng dich an! Sei nicht kindisch! Mach es besser!‹ ... Oft ist eines der beiden Elternteile eine EINS, moralistisch, perfektionistisch oder ewig unzufrieden. Mit Lob wird gegeizt, überdurchschnittliche Leistungen werden als selbstverständlich vorausgesetzt. Wir erbrachten diese Leistungen, weil wir die Liebe unserer wichtigsten Bezugsperson nicht verlieren wollten.«[33]
Musterkinder werden nicht nur durch hohe und überhöhte Erwartungen der Eltern zu solchen Perfektionisten. Musterkinder haben bei sich selbst entdeckt:
Du wirst geliebt, wenn du den Ansprüchen der Eltern entsprichst,
du wirst geliebt, wenn du perfekt dein Leben gestaltest.

Möglichkeit Nr. 3: Kritiksucht der Eltern kann zu Perfektionismus führen.
Nicht wenige Eltern sind selbst perfektionistisch und kritisieren alle Unvollkommenheiten bei ihren Kindern. Sie fördern

ungewollt oder gewollt damit eine Lebenseinstellung, die lauten kann:

- Nur wenn ich perfektionistisch handle, werde ich akzeptiert.
- Nur wenn ich fehlerlos bin, gehe ich Leid und Schmerzen aus dem Wege.
- Nur wenn ich vollkommen den Erwartungen der Erwachsenen entspreche, kann ich der feindlichen Welt, die mich umgibt, trotzen.

Der Amerikaner David Stoop beschreibt eine der Entstehungsmöglichkeiten für Perfektionismus so: »Viele Leute, die in meine Praxis kommen, berichten von Erlebnissen äußerster Zurückweisung, kalter Feindseligkeit und gemeiner Brutalität in ihrer Kindheit. Eine Frau erzählte mir von den Schlägen, die ihre Mutter ihr jedesmal mit einer Metalleiste verabreicht hätte, wenn sie nicht jede Kleinigkeit bei der Beaufsichtigung ihrer jüngsten Geschwister befolgt habe. Als ihr älterer Bruder sie vergewaltigt hatte, lachte die Mutter sie aus und glaubte den Unschuldsbeteuerungen des Bruders. Ihre notvolle Kindheit war Ursache ihres im Erwachsenenalter auftretenden Perfektionismus, denn alles, was nicht völlig perfekt war, konnte ja neue Schmerzen heraufbeschwören.«[34]
Perfektionismus auch nur eines Elternteils, von dem das Kind sehr abhängig ist, kann die Bereitschaft im Kind fördern, selbst perfektionistisch zu denken und zu handeln.

Möglichkeit 4: Nur wenn es dem andern vollkommen gutgeht, bin ich zufrieden.
Den Perfektionismus gibt es nicht. Er kann auch entfacht werden durch das Bestreben der Eltern oder eines Elternteils, es allen Menschen im Umfeld der Familie vollkommen gutgehen zu lassen.
Die *andern* sollen glücklich und zufrieden sein, die *andern* sollen in dieser Familie positiv reden, die *andern* sollen bedient, versorgt und perfekt betreut werden.

Kinder, die diesen Lebensstil übernehmen und sich damit ihre Anerkennung sichern, geraten in einen Perfektionismus hinein, der nur das vollkommene Wohl der anderen im Auge hat. Sie selbst treten zurück, vernachlässigen ihre Bedürfnisse, und geraten ebenso wie ihre Perfektionismus-Geschwister in große Unzufriedenheit. Das Sprichwort drückt die Misere dieser Menschen treffend aus: »Wer es allen recht machen will, sitzt zwischen allen Stühlen.« Perfektionismus, auf welchem Gebiet auch immer, strebt unerreichbare Ziele an. Bei Licht besehen steht im Hintergrund fast immer ein lädiertes Selbstwertgefühl. Nur wer das verwegene Ziel verfolgt, es *allen* Menschen im Umfeld der Familie vollkommen gutgehen zu lassen, wer sich *über*mäßig anstrengt und *über*mäßige Opfer bringt, kann sein schwaches Selbstwertgefühl aufrechterhalten. In der Tat: Perfektionismus ist eine Sisyphusarbeit.

Möglichkeit 5: Alle Versäumnisse der Eltern und Erzieher können zum Perfektionismus führen.

Es gibt eine Reihe angeborener Bedürfnisse, die von Eltern, Pflegepersonen oder Erziehern erfüllt werden müssen, um Sozialisationsschäden bei Kindern zu verhindern. Werden diese notwendigen Bedürfnisse nach emotionaler Zuwendung, nach sozialer Eingliederung, nach Zugehörigkeit, Nahrung und Pflege nicht erfüllt, kann sich im Kind ein falsches Selbstverständnis und ein mangelhaftes Selbstwertgefühl entwikkeln.

Viele Forschungen haben zweifelsfrei ergeben, daß

- seelische Vernachlässigung,
- mangelnde Geborgenheit,
- fehlendes Zugehörigkeitsgefühl,
- fehlende Bestätigung,
- gewollte oder ungewollte Ablehnung,
- übertriebener Zwang,
- sexuelle oder körperliche Mißhandlung

ein falsches Selbstwertbewußtsein im Kind erzeugen. Diese jungen Menschen suchen Bestätigung, Ehre und Anerken-

nung. Auf diesen Wegen können sie Perfektionismus entwickeln, der ihnen Bestätigung und Beifall eintragen soll.
Mangelndes Selbstwertgefühl kann ein übermäßiges Bedürfnis nach Selbstachtung wachrufen. Macht- und Leistungsstreben werden zu beliebten Einstellungsmustern, um sich Bewunderung und ein Gefühl der Überlegenheit zu erwerben. Weil sie vernachlässigt, im Stich gelassen und nicht bestätigt wurden, können sie einen brennenden Eifer entwickeln und einem überzogenen Bild von sich nachjagen. Sie wollen etwas Besonderes sein und produzieren ein übermenschliches Anspruchsdenken.

Perfektionismus und Persönlichkeitsstruktur

Eine Frage, die in Seminaren immer wieder gestellt wird, lautet: »Ist der Perfektionismus mit einer Persönlichkeitsstruktur besonders verbunden?«
Ganz leicht ist diese Frage nicht zu beantworten. Oberflächlich gesehen neigen alle vier Persönlichkeitsstrukturen zum Perfektionismus. Aber die Art des Perfektionismus ist bei allen verschieden.
Der *schizoide* Mensch kann perfektionistisch denken und will häufig in der Sache perfekt sein. Er ist in erster Linie sachorientiert. Zum Mitmenschen verhält er sich eher distanziert. Mit anderen Worten: Er sieht die Perfektion nicht in erster Linie im Zwischenmenschlichen, sondern im Sachlichen. Nicht seine Beziehungen sollen vollkommen und hundertprozentig sein, sondern seine Arbeit, seine Leistung oder seine ihm gestellten Aufgaben.
Der *depressive* Mensch kann auch die Perfektion anstreben. Im Unterschied zum schizoiden Menschen legt er auf Beziehungen viel größeren Wert. Er ist eher der zugewandte und abhängige Mensch, sucht Kontakte, Austausch, Gespräche und Zärtlichkeit und kann hier Vollkommenheit anstreben. Männer und Frauen, die schwergewichtig diese Charakter-

struktur spiegeln, suchen perfekte *Beziehungen*. Ihre Ideale und hohen Erwartungen sind stärker im Gefühlsdenken und Kontaktbereich angesiedelt. Menschliche Beziehungen sind wichtiger als Sachen.

Der *zwanghafte* Mensch, wenn er Perfektion anstrebt, ist eher ein Ordnungsfanatiker. Alles muß seinen Platz haben, die Ordnung im Haus, im Büro, im Auto, im Werkzeugkasten spielt eine große Rolle. Er will Chaos und Unordnung vermeiden und das Leben meistern durch lückenlose Kontrolle. Er ist ein perfekter Kontrolleur. Bei keinem Persönlichkeitstyp liegen so sehr Fanatismus und Tyrannei auf der Lauer wie beim zwanghaften Menschen. Er gehört auch zu den unflexibelsten und stursten. Die zwanghafte Penetranz läßt ihn besonders unangenehm erscheinen.

Der *hysterische* Mensch, der gelten will, der Beachtung und Bestätigung sucht, der am liebsten bei *allen Menschen* ankommen will, braucht ganz andere Wege der Perfektion, um seine Ziele zu erreichen. Als Gegentyp zum zwanghaften Menschen ist er eher unordentlich, großzügig, tolerant und in Einzelheiten ungenau. Weil sein Hauptziel aber die Zustimmung und die Anerkennung ist, versucht er, im privaten Zusammenleben und im Arbeitsprozeß perfekte Methoden und Verhaltensstrategien zu entwickeln, die ihm die angestrebte Bestätigung garantieren. Der Schauspieler beispielsweise übt vor dem Spiegel und vor Publikum so lange bestimmte Bewegungen, bestimmte Szenen oder bestimmte Ausdrucksmittel, daß das leichte und lockere Spiel höchste Bewunderung hervorruft. Die Schwerstarbeit des Probierens und Übens bleibt verborgen.

Die unbewußten Ziele, die jede Persönlichkeitsstruktur mit Perfektionismus anstrebt, sind also verschieden. Perfektionismus wird *benutzt*. Perfektionismus wird in *Dienst gestellt*. Perfektionismus ist ein *Mittel zum Zweck*, um die unterschiedlichsten Ziele zu erreichen.

Da sich jede Persönlichkeitsstruktur im Denken, Fühlen und Handeln von einer anderen abhebt, müssen auch die Ziele, die mit Perfektion verfolgt werden, verschieden sein.

– Der eine ist perfektionistisch, damit ihm niemand einen *Fehler nachweisen* kann.
– Der andere ist perfektionistisch, weil er Angst hat, daß das *Chaos* ihn verrückt macht.
– Der dritte ist perfektionistisch, weil er sich, das Leben und die Umwelt *unter Kontrolle* halten will.
– Der vierte ist perfektionistisch, weil er mit Gewissenhaftigkeit und Genauigkeit anderen überlegen sein muß.
– Der fünfte ist perfektionistisch, weil er sonst vor Gott nicht *existieren* kann.
– Der sechste ist perfektionistisch, weil er irrationale Muß-Appelle und Soll-Erwartungen erfüllen muß.
– Der siebte ist perfektionistisch, weil er alles *allein* machen will, die anderen erfüllen sowieso nicht seine Erwartungen.
– Der achte ist perfektionistisch, weil er ein Entweder-oder-Typ ist. Er handelt und denkt »ganz oder gar nicht«, »schwarz oder weiß«, »alles oder nichts«.

Wie können wir den Perfektionismus verringern? Gelingt es uns Christen, den Perfektionismus abzulegen? Wer sich aus seinen Klauen befreien kann, lebt unbeschwerter, zufriedener und mit weniger Streß.

Denkanstöße

Denkanstoß Nr. 1:
Geben Sie Ihr Konkurrenzstreben auf!

Perfektionisten erleben ihre Mitmenschen als Konkurrenten. Sie stehen mit ihnen im Kampf, und Kampf bedeutet Streß, Giftstoffe, Spannungen und Verspannung. Der Mensch vom Scheitel bis zur Sohle gerät unter Druck. Mit dem Konkurrenzstreben sind Ehrgeiz und Überlegenheitsstreben verbunden. Sie untergraben die Harmonie und das mitmenschliche Zusammenleben. Die Anspannung nimmt kein Ende. Der Druck von innen und außen, den der Perfektionist braucht, hält ihn in Atem.

Perfektionisten wollen mithalten, und zwar mit den Besten. Am liebsten möchten sie alle überholen. Diese pausenlose Anspannung kostet enorme Energien. Herz und Kreislauf zahlen den Tribut.

Einige Fragen zur Selbstkontrolle:

- Erleben Sie sich eher ruhelos als ruhig?
- Sind Sie eher unzufrieden als zufrieden?
- Spüren Sie stärker Spannung als Entspannung?

Wenn Sie den Eindruck haben, Sie müßten die Fragen ehrlicherweise mit Ja beantworten, sind Sie höchstwahrscheinlich mit dem Perfektionismus verheiratet.

Niemand wird gezwungen, diese strapaziöse Lebensstil-Einstellung beizubehalten. Wir haben die Freiheit, uns zu entscheiden. Jesus formuliert es so: »Wer sein Leben festhalten will, wird es verlieren. Wer es aber um meinetwillen verliert, der wird es gewinnen.« *Müssen* Sie weiterhin konkurrieren, oder können Sie den Wettkampf einstellen?

Müssen Ihre Beiträge besser, präziser und vollkommener sein, oder können Sie mit Durchschnittsergebnissen zufrieden sein?

Müssen Sie sich überfordern, oder können Sie eine zufriedenstellende Gangart einüben?

Sie allein haben es in der Hand, ob Sie den Konkurrenzkampf aufgeben wollen.

Denkanstoß Nr. 2: Haben Sie Mut zur Lücke!

Haben Sie Mut zur Unvollkommenheit! Es geht nicht um Gleichgültigkeit, persönliche Nachlässigkeit oder um Vernachlässigung mitmenschlicher Verpflichtungen. Das wäre ein folgenschweres Mißverständnis. Mut zur Unvollkommenheit beinhaltet:

- Mut zur Wahrheit,
- Mut zur Echtheit,
- Mut zum Eingeständnis von Mängeln und Schwächen,
- Mut zur Lücke,
- Mut zum Lassen,
- Mut zur Unabhängigkeit von anderen Menschen,
- Mut zum Verzicht auf Gottähnlichkeitsstreben.

Perfektionismus ist ein neurotischer Charakterzug. Er entmutigt immer wieder, weil uns das Vollkommene nicht gelingt. Hängen Sie sich als Hausfrau ein Riesenposter in Ihre Küche mit der Aufschrift: »Mut zur Unvollkommenheit!« Das Wort ermutigt Sie, auch in der Küche auf Perfektionismus zu verzichten. Jeder Mensch kann in seinem Umfeld einen solchen Denk-Zettel anbringen. Er hilft uns, den eintrainierten Lebensstil zu korrigieren. Wer keine Angst hat, seinen Status zu verlieren, liefert automatisch bessere Leistungen und wird in der Tat weniger Fehler begehen. Dieser Mensch schaut nicht auf Erfolg oder Mißerfolg, auf Bessersein und Überlegenheit, er tut sein Bestes – ohne nach rechts oder links, ohne auf Vordermänner, Hintermänner und Nebenmänner zu schauen. Sein Augenmerk ist auf die Sache gerichtet, nicht auf Personen und nicht auf Prestige. Ein Mensch, der seinen Wert durch Perfektionismus *beweisen* will, kommt unweigerlich zu der Erkenntnis, daß er keinen Wert besitzt.

Wer als Erzieher den Mut zur Unvollkommenheit praktiziert, lernt,

- daß Kinder Fehler machen dürfen;
- daß Kinder schlechte Angewohnheiten aufgeben, wenn wir sie nicht übermäßig beachten;
- daß Kinder selbst aus ihren Fehlern lernen sollen;
- daß Kinder auch schwach sein dürfen.

Mut zur Unvollkommenheit beinhaltet auch, den anderen zu akzeptieren – wie er ist, nicht wie er sein sollte. Mut zur Lücke ist ein Gottesgeschenk. Mut zur Lücke ist Nächstenliebe und praktizierte Barmherzigkeit.

Denkanstoß Nr. 3:
Haben Sie den Mut, Ihren Pharisäismus abzulegen!

Pharisäismus und Perfektionismus sind nahe verwandt. Der Perfektionist vertraut seiner Hundertprozentigkeit. Der Pharisäer vertraut seiner hausgemachten Gerechtigkeit. Darum formuliert das Lukas-Evangelium: »Er sprach aber auch zu einigen, die auf sich selbst vertrauten, daß sie gerecht seien, und die übrigen verachteten, dieses Gleichnis …« (Lukas 18, 9).
Was kritisiert Jesus eigentlich am Pharisäer? Er stellt seine Überleistung, seine Perfektion, seine guten Taten in Frage. Der Pharisäer braucht Jesus nicht. Er rechtfertigt sich selbst. Er ist der Vollkommene. Er versucht die Selbst-Erlösung. Dagegen der Zöllner. Er hat *nichts* zu bringen. Er ist unsicher, ob er – so wie er ist – überhaupt in den Tempel gehen kann. Er erwartet von Gott alles. Der Pharisäer frönt einem geistlichen Ehr-geiz. Sein falscher Anspruch besteht darin, aus eigener Kraft ein vollkommener Mensch zu sein. Ein kluger Theologe hat einmal den Satz gesagt: »Wer das Unerreichbare erreichen will, landet bei der Unmöglichkeit, das Realisierbare zu realisieren.«
Viele Christen wollen aus eigener Kraft etwas Unerreichbares. Sie streben eine utopische Moralität an. Sie wollen ideale

Mütter, Väter oder Eheleute sein. Sie legen Wert darauf, makellose Gemeindeglieder zu sein, sie strengen sich an, fehlerlose Christen zu sein. Das Unerreichbare führt in die Verzweiflung.
Die falsche Zielrichtung führt in die Resignation. Diese Ehrsucht ist ein süchtiges, krankhaftes und ungeistiges Verhalten. Es hat einen edlen Anstrich, es sieht christlich aus, und es ist zutiefst unchristlich. Diese Menschen überheben sich, und zwar über andere. Sie stellen sich heraus und wollen mit Ihrer Makel-losigkeit ihre Vollkommenheit unter Beweis stellen. Wie sagte der englische Theologe Oswald Chambers: »Vollkommenheit bedeutet, vollkommen bei Jesus zu sein.« Jesus ist unsere Vollkommenheit. Selbstproduzierte Vollkommenheit ist Pharisäismus.

Denkanstoß Nr. 4:
Lernen Sie, das Leben zu lieben!

Der Perfektionist ist ein Wühler. Er hat nie Zeit, weil seine Zeit verplant ist. Pausenlos fallen ihm neue Tätigkeiten ein, um etwas tun zu müssen. Und weil er etwas perfekt erledigen will, braucht er mehr Zeit, mehr Konzentration und mehr Energie.
Er *muß* die Zeit füllen,
er *muß* Zeitlöcher stopfen,
er *muß* in Bewegung bleiben,
die innere Leere könnte ihn einholen.
Weil er häufig arbeitssüchtig ist,
- kann er nicht feiern,
- kann er nicht genießen,
- kann er sich nicht entspannen,
- kann er das Leben nicht lieben.

Der Perfektionist setzt falsche Prioritäten. Die falsche Zielsetzung macht ihn unzufrieden. Er will zuviel, an mehreren Stellen gleichzeitig, er will es fehlerlos. Dieser Überanspruch erfordert Überanstrengungen und überfordert auf der ganzen

Linie. Das wirkliche Leben zerrinnt ihm unter den Händen. Er lebt nicht, er wird gelebt.

Fragen zur Selbstprüfung:
- Müssen Sie erst auf der Nase liegen, bevor Sie einen Kurswechsel ansteuern?
- Gibt es bei Ihrem Körper Signale, die Sie überhören und beiseite schieben?
- Können Sie eine Stunde im Stuhl sitzen und gar nichts tun?
- Können Sie das Essen Bissen für Bissen genießen?
- Können Sie abschalten und *alles* hinter sich lassen?
- Haben Sie Zeit, Hobbys zu pflegen und gute Freunde zu besuchen?
- Haben Sie Zeit für den inneren Menschen, für das wahre Leben, für ein erfülltes Leben?

Christus sagt: »Ich bin der Weg, die Wahrheit und das Leben« (Johannes 14, 6). In IHM kommt das wahre Leben zur Erfüllung. Mit IHM bekommt unser Leben Halt und Struktur. Wenn wir aus IHM leben, bekommt das Leben einen Sinn. Wovon lebt der Mensch? Was gibt unserem Dasein Sinn? In seinem Roman »Krebsstation« beschreibt Alexander Solschenizyn einen Mann, Jefrem, einen ungeschlachten Burschen, der durch den Krankensaal geht und alle Menschen fragt, wovon sie denn nun leben. Schwierige Frage! »Von der Luft«, meint einer. »Von Wasser und vom Essen«, ein anderer. »Vom Arbeitslohn oder von der Qualifikation«, meinen wieder andere. Jefrem gibt sich nicht zufrieden. »Von der Heimat«, meint einer, »daheim ist alles leichter.« Jefrem fragt nun den Funktionär, der gerade ein Hühnerbein abnagt. »Darüber kann doch kein Zweifel sein«, erwidert der ohne Zögern, »die Menschen leben von der Ideologie und den gesellschaftlichen Interessen.«

Reicht das aus, was ist der Sinn des Lebens? Wofür, wozu leben wir? Jefrem, in Solschenizyns Roman, hat es erfahren: Die einen leben in den Tag hinein, die anderen machen sich ständig Gedanken. Die einen klammern sich an die Heimat, an die Arbeit, an Essen und Trinken, die anderen an eine Ideologie. Ist das alles, wenn der Tod auf der »Krebsstation« ständiger Begleiter ist? Jesus gibt uns in dem obengenannten Wort eine umfassende Antwort auf den Sinn unseres Lebens. Fragen wir nicht nach dem besten Weg, nach dem einzig sinnvollen Weg? Fragen wir nicht nach der Wahrheit, an die wir uns im Leben halten sollen? Jesus will uns nicht eine Wanderkarte in die Hand drücken mit lohnenden Zielen, er will uns keine beeindruckende Weisheit vermitteln, er bietet sich uns selbst an: Er ist *der* Weg, *die* Wahrheit und *das* Leben. Wer mit IHM, aus IHM und in IHM lebt, hat den Sinn des Lebens gefunden. Von IHM können wir leben.

Der Mut zum Gehen ist verbaut

Vom richtigen Umgang mit dem Zweifel

In einem indischen Dorf wurde ein Basar abgehalten, auf dem viele Waren angeboten wurden. Ein Bauer verkaufte Wachteln. Er hatte jedem Vogel eine Schnur um ein Bein gelegt. Die anderen Enden aller Schnüre waren zum Ring gebunden, der in der Mitte lag und von einem Stock festgehalten wurde. Die Wachteln marschierten trübselig im Kreis umher wie Maultiere an einer Hirsemühle.

Ein frommer Brahmane, der überzeugt war, daß man Ehrfurcht vor dem Leben haben müsse, erkundigte sich nach dem Preis für die Wachteln und sagte dann zu dem Kaufmann: »Ich möchte sie alle kaufen.« Der Kaufmann war überaus erfreut. Nachdem er sein Geld eingesteckt hatte, sagte der Brahmane: »Jetzt möchte ich ihnen die Freiheit schenken. Schneiden Sie ihnen die Schnüre von den Füßen und lassen Sie sie los.« Mit seinem Messer zerschnitt der Bauer die Schnüre an den Beinen der Wachteln und ließ sie frei. Was geschah? Die Wachteln marschierten weiter im Kreis herum. Schließlich mußte er sie fortscheuchen. Sie landeten in einiger Entfernung und bewegten sich wieder im Kreis. Sie waren frei, sie waren losgebunden, und doch marschierten sie weiter im Kreis, als ob sie noch festgebunden seien.

Erkennen wir uns in diesem Bild? Wir sind frei, wir haben Vergebung erlangt, wir sind Söhne und Töchter Gottes, wir gehören zu seiner Familie, aber wir halten uns noch für Würmer oder Heuschrecken. Ein niedriges Selbstwertgefühl ist Satans tödlichste psychologische Waffe. Es kann so weit kom-

men, daß wir uns nur noch im Kreise der Furcht und der Nutzlosigkeit bewegen.
Der amerikanische Theologe und Seelsorger David Seamands beschreibt exakt, was Zweifel und Selbstwertstörungen bezwecken:

- Der Zweifler stellt unsere völlige Freiheit in Christus in Frage.
- Der Zweifler legt sich selbst Fesseln an.
- Der Zweifler dreht sich im Kreise und kommt nicht vorwärts.
- Der Zweifler blockiert seinen Mut für morgen.
- Der Zweifler fühlt sich durch Befürchtungen und Mißtrauen – wie die Wachteln – noch an Schnüren gefangen.

Auch der Zweifler praktiziert eine Lebenslüge. Seine Lebenslüge könnte – boshaft formuliert – lauten:
Wer viel arbeitet, macht viele Fehler,
wer wenig arbeitet, macht wenig Fehler,
wer nicht arbeitet, ist fehlerlos.

Der Umgang mit Zweiflern

Der Umgang mit Zweiflern ist frustrierend. Zweifler legen sich nicht fest. Sie beziehen keine klare Stellung. So wie sie sich für eine Sache entschieden haben, fallen 999 andere Möglichkeiten ins Wasser. Wenn sie sich für *einen* Menschen entscheiden, nehmen sie sich und Gott die Möglichkeit, ihnen noch positivere Angebote zu machen. Zweifler stehen sich selbst im Wege. Sie warten auf Impulse von anderen. Dieser Zweifel bringt eine hohe Spannung mit sich, die sich bis zur Erschöpfung steigern kann.

Zweifler sind Pessimisten.
Der Zweifel blockiert den Mut. Risiko und Wagnis sind Lebenseinstellungen, die gefürchtet werden. Pessimisten sind

Befürchtertypen. Sie schauen um drei Ecken und erwarten soviel Negatives, daß der Mut zum Gehen verbaut ist.

- Zweifler sehen das Haar in der Suppe.
- Zweifler ahnen Mißerfolge.
- Zweifler befürchten Pleiten und Niederlagen.

Zweifler und Pessimisten geben schnell ihre Pläne auf. Sie gehen nicht, sie treten auf der Stelle und warten, daß andere – oder auch Gott – ihnen einen Schubs geben, den sie nicht selbst verantworten müssen.

Zweifler sind mißtrauisch.

Sie mißtrauen sich, den anderen und Gott. Thomas im Jüngerkreis Jesu ist dafür ein Musterbeispiel. Daß Jesus auferstanden sein sollte, hält er schlicht für ein Märchen. Der Zweifler Thomas will Beweise. Er möchte glauben, er kann es nicht. Er möchte seinen Brüdern vertrauen, es gelingt ihm nicht. Nur wenn er die Hände in die Wundmale Jesu und in seine verletzte Seite legen kann, ist er überzeugt.

Zweifler sind mißtrauisch und stellen in Frage. Dadurch sind sie initiativlos, übernehmen nie die Führung, lassen sich führen. Dann werden sie für Fehler auch nicht verantwortlich gemacht.

Zweifler erwarten Strafe.

Zweifler sind fehlerorientiert. Das ist das geheime Ziel. Fehler dürfen andere machen. Die Menschen, die Verantwortung übernehmen, werden Fehler machen. Der Zweifler will sie vermeiden. Hat er doch Fehler gemacht, erwartet er eine Strafe. Um der Strafe aus dem Weg zu gehen, darf er sich nicht entscheiden. Im Hintergrund steht seine geglaubte Wertlosigkeit.

Weil er an seinem Wert zweifelt, zweifelt er an sich, seinen Plänen und Entscheidungen. Diese Angst vor Strafe bringt eine permanente Unsicherheit mit sich, sie läßt ihn eine Vielzahl von Absicherungen treffen, die wiederum seinen Aktionsradius erheblich einschränken.

Im »Enneagramm« beschreibt der amerikanische Jesuitenpater Don Richard Riso im Typ SECHS genau diesen Zweifler: »Selbst wenn es neurotischen Menschen vom Typus SECHS gelingt, von jemandem bestraft zu werden, behalten sie die Situation bis zu einem gewissen Grad unter Kontrolle. Sie haben die Strafe heraufbeschworen und sich dadurch, also gerade durch das Bestraftwerden, der Zuwendung versichert, die sie bei der Autorität suchen. Für neurotische Menschen vom Typ SECHS bedeutet, von einer Autorität bestraft zu werden, immer noch geliebt zu werden. Es beschäftigt sich noch jemand mit ihnen.«[35]

Mit Zweifel verfolgt der Mensch Ziele

Unbewußt wird der Zweifel *benutzt*,
unverstanden wird der Zweifel *in Dienst gestellt*,
ohne es zu wissen, verfolgt der Mensch mit Zweifeln *Ziele*.
Wir handeln so, als ob wir genau wüßten, was wir wollen. Wir wissen es nicht, aber wir handeln so. Ein Weiser hat das so ausgedrückt: »Willst du wissen, was deine Zwecke und Ziele sind, schau auf das, was du tust!« Im Tun werden unsere Absichten offenbar, im Handeln zeigen sich unsere Ziele.
Wer stiehlt, *will* stehlen. Wer lügt, *will* lügen. Wer beschimpft, *will* beschimpfen. Wer zu seinem Partner sagt: »Du Hornochse!« oder »Du Idiot!«, *will* ihn treffen und verletzen.
Wer sich entschuldigt und sagt, das sei ihm so herausgerutscht, lügt. Wer das Schimpfwort herausschleudert, hat es in Gedanken produziert. Hätte er es nicht so empfunden, wäre es auch nicht »herausgerutscht«. Worin können die Ziele des Zweifels bestehen?

Motiv 1: Der Mensch will keine Entscheidungen treffen.
Wer Entscheidungen trifft, muß sie verantworten. Er muß mehr oder weniger seinen Kopf dafür hinhalten. Der Zweifler trifft keine Entscheidungen, er überläßt sie andern. Sie dürfen

den Kopf hinhalten. Außerdem hat er noch die destruktive Möglichkeit, den Entscheidungsträger (seine Eltern, seinen Partner, seine Kinder, seine Mitarbeiter, seinen Chef) zu kritisieren. Viele Zweifler sind hervorragende Kritikaster, nur Verantwortung übernehmen sie nicht.

Motiv 2: Der Mensch will keine Fehler machen.
Zweifler sind häufig Menschen, die fehlerlos leben wollen. Um ihre starken Selbstzweifel und Minderwertigkeitsgefühle zu kompensieren, wählen sie die Fehlerlosigkeit. Sie machen sich unangreifbar. Fehlerlose zeigen keine Schwäche, wirken stark und überlegen, so daß sie aus dem Zweifel noch Kapital schlagen. Viele Zweifler sind Perfektionisten. Sie wollen das Vollkommene. Wer aber das Vollkommene will, darf nicht handeln.

Motiv 3: Der Mensch will sich alle Türen offenhalten.
Besonders in der Eheberatung erlebe ich nicht selten Menschen, die bei der Partnerwahl große Entscheidungsschwierigkeiten entwickeln.
Der Zweifler will sich nicht festlegen, schiebt die Verbindlichkeiten hinaus. Er zieht sich zurück, wenn Verlobung oder Heirat anstehen.
Oft wird er als feige, schwach und unmännlich abqualifiziert. Das eigentliche Motiv ist ein anderes. Er weiß, wenn er sich für eine Frau oder einen Mann entscheidet, sind Tausende andere Chancen unmöglich geworden. Da der Zweifler einen sehr hohen Anspruch hat, trifft er keine Entscheidung und läßt alle Türen offen. Gerade bei der Partnerwahl stellt sich der Zweifler selbst ein Bein. Es kann geschehen, daß er dadurch niemals einen Partner findet.
Alfred Adler hat die geheimen Ziele des Zweifels treffend charakterisiert: »Hier schließt sich unser Verständnis für die psychologische Struktur des Zweifels. Auch beim Zweifel bestehen nicht etwa *zwei verschiedene Ziele*, sondern ein einziger: *Stillstand*. Die gleiche Überlegung gilt für sogenann-

te nervöse Symptome. Wie eine verschleierte Bremswirkung greifen sie in die Bewegung des Fortschritts ein.«[36]

Zweifel und Selbsteinschätzung

Zweifler haben eine entsprechende Selbsteinschätzung. Die Selbsteinschätzung ist die Voraussetzung für unser Handeln. Wer seine Fähigkeiten bezweifelt, wird sie nicht ausleben können. Wer seine Fähigkeiten in Frage stellt, wird sie blokkieren.

- Wer glaubt, er sei eine Niete, der *ist* eine Niete.
- Wer glaubt, er sei dumm, stellt sich dumm.
- Wer glaubt, unfähig zu sein, lähmt seine Tatkraft.
- Wer glaubt, etwas nicht zu schaffen, geht dem Erfolg aus dem Weg.

Es stimmt: Der Zweifel korrespondiert mit der Selbsteinschätzung. Wer an Erfolgen zweifelt, geht auf die Mißerfolge zu. Ein kleiner, aber überzeugender Versuch bestätigt diese Feststellungen. Stellen Sie sich ein Brett vor, das ca. 10 cm breit ist und auf dem Boden liegt. Es ist etwa 2 m lang. Sie sollen darüber gehen, ohne rechts oder links daneben zu treten. Für jung und alt ist es eine Spielerei, dieses Brett zu überqueren. Auch wenn sie das Brett 30 cm höher legen, ist es für die meisten ein leichtes, ohne Angst und ohne Zweifel hinüberzugehen. Legen Sie das Brett allerdings 2 m hoch, dann steigert sich die Angst enorm. Die meisten werden das Brett nicht mehr betreten. Die Fähigkeit, das Brett zu überqueren, hängt ganz sicher nicht von der Höhe des Brettes ab, sondern von unserer Einschätzung, von unserem Zweifel. Der Zweifel, den wir produzieren, macht das Überqueren des Brettes unmöglich. Die pessimistische Selbsteinschätzung und die kritische Bewertung nähren den Zweifel. Wer seine Fähigkeiten bezweifelt, untergräbt sie.

Können wir zu Zweiflern erzogen werden?

Ich weiß aus der Beratungspraxis, daß viele erwachsene Menschen, die von Zweifeln umgetrieben werden, in der Kindheit widerstreitende Gefühle erlebt haben. Je mehr der Mensch Urvertrauen tankt, Geborgenheit, Sicherheit, Annahme und Selbstbestätigung, desto weniger Ängste und Zweifel kennzeichnen sein späteres Leben. Sein Selbstvertrauen wurde gefördert und gestärkt. Er wurde nicht bevormundet, er wurde ermutigt. Er wurde nicht manipuliert, sondern zur Selbstverantwortung erzogen. Dieser Mensch zweifelt nicht an sich, er glaubt an sich.

Selbstverständlich können auch unvorhersehbare Ereignisse die positive Lebensgrundeinstellung erschüttern. Krankheit, unglückliche Umstände und Pleiten können den Optimismus und die Tatkraft lähmen. Der Zweifel kann versuchen, sich im Leben einzunisten. Aber in den meisten Fällen wird er solche Menschen nicht lähmen und blockieren. Er kann sie etwas ängstigen und verunsichern, aber nur selten in Verzweiflung stürzen.

Wie sieht eine gegensätzliche Erziehung aus? Ich bin fest überzeugt, viele Eltern wollen ihre Kinder nicht mit Unsicherheit und Zweifelsucht infizieren. Sie wollen starke und selbstbewußte Menschen aus ihnen machen. Und doch gibt es viele Gründe, warum es nicht gelingt.

Der Psychoanalytiker Tilman Moser hat ein bitterböses Buch über seine »fromme Erziehung« geschrieben und seinen Eltern die häßlichsten Vorwürfe gemacht, wie sie seine Seele vernichtet haben. Ich greife nur einen Gedanken heraus, der seine Zweifel begründet, so wie Moser es erlebt hat.

Von seinen Eltern wurde ihm der Satz eingebleut: »Du sollst Gott fürchten und lieben.« Er sieht in diesem Satz einen eklatanten Widerspruch. Furcht und Liebe schließen sich einander aus. Moser glaubt, daß Furcht jahrhundertelang in der Kirche dazu benutzt wurde, um Kindern und Erwachsenen Angst einzujagen, um sie gefügig zu machen. Von seinen

Eltern hat er diese Grundeinstellung erfahren. Er schreibt, daß diese überzeichnete Gottesfurcht seine Liebe mit entsetzlichen Zweifeln überzogen hat. Der Gott, der alles sieht, alles hört, alles weiß und alle Gedanken kennt, hat ihn zum Seelenkrüppel gemacht. Der Titel seines Buches »Gottesvergiftung« ist für seine Anklagen kennzeichnend. Riesengroße Schuldgefühle haben sein Leben belastet. Ängste und Zweifel haben sein gesundes Selbstbewußtsein zerfetzt. Was Moser beschreibt, ist das Zerrbild eines Gottes, das Seelen in der Tat verletzen und belasten kann.

Ein bedingungsloser Gehorsam den Eltern und Gott gegenüber beschert den Menschen ständigen Zweifel:

– Bist du gehorsam gewesen?
– Hast du auch alle Gebote erfüllt?

Denn Ungehorsam, Lüge, Faulheit, Lieblosigkeit, Trotz und Rebellion ziehen sofort Strafen nach sich. Ungewollt wird der Zweifel in der Kinderseele entfacht. Besonders sensible Kinder, die jede Unzufriedenheit in der Familienatmosphäre wahrnehmen, reagieren mit Angst und Zweifel. Sie werden immer zögerlicher, vermeiden Fehler und verhalten sich passiv. Schon als Kind weichen sie Entscheidungen aus, drücken sich und werden verantwortungslos.

Die Liebe der Eltern und die Liebe Gottes werden in Zweifel gezogen. Eltern verhalten sich widersprüchlich – in den Augen des Kindes. Unsicherheit, Angst und Zweifel werden zu ständigen Begleitern des Kindes und der späteren Erwachsenen.

Eine andere erzieherische Variante stellt sich so dar: Ein Kind ist seinem Vater sehr gehorsam. Es tut, was er sagt und was er will. Das Kind ist gefügig und will gefallen. Die Regeln zu Hause, die Regeln der Gesellschaft und die Regeln der Bibel werden befolgt, um ein geschätztes Glied der Familie und der Gesellschaft zu werden.

Einen Haken hat diese Erziehung, daß der Schwerpunkt außerhalb des Kindes liegt. Es wird belohnt, wenn es artig ist, es wird bestätigt, wenn es gehorcht. Autorität wird anerkannt, weil sie belohnt wird. Das Kind erwartet sofort Bestrafung, wenn es nicht gehorcht. Diese Menschen sind später immer auf die Zustimmung anderer angewiesen. Sie verhalten sich angepaßt, um zu gefallen. Es liegt auf der Hand, daß Zweifel und Mißtrauen anerzogen werden, weil diese erwachsenen Menschen später ständig schauen, ob die anderen Menschen ihnen auch gewogen sind.

Das sind *einige* Möglichkeiten, wie der Zweifel in der Seele eines Kindes entzündet werden kann. Es sind Erziehungspraktiken, die – vielleicht ungewollt – den Zweifel bei späteren Erwachsenen fördern.

Entmutigung und Zweifel

Kinder, Jugendliche und Erwachsene, die sich im Leben durchsetzen wollen, brauchen ein gutes Selbstwertgefühl. Ein schwaches Selbstwertgefühl

- hindert den Menschen, das Leben zu meistern,
- blockiert den Mut, Aufgaben in Angriff zu nehmen,
- fördert die Selbstkritik und durchlöchert das Selbstvertrauen,
- verstärkt die Unsicherheit, die Gaben, die Gott uns geschenkt hat, einzusetzen.

Eltern, die *fehlerorientiert* sind, die ihren Kindern zunächst die Fehler, die Schwächen und Mängel ankreiden, entmutigen. Lebensmut und Aktivität werden gebremst. Fehler gehören zum Leben. »Wer fehlerlos sein will, muß diese Erde verlassen«, hat Martin Luther gesagt. Das ist realistisch. Fehlerlosigkeit ist ein Fehler.

Der Mut zur Unvollkommenheit ist eine reife, menschliche Leistung. Mut zur Lücke ist eine menschliche und geistliche Lebensaufgabe.

Der Zweifler will das Hundertprozentige, oft das Utopische, das es überhaupt nicht gibt. Er will das Nonplusultra. Und was tut er? Er tut gar nichts. Der entmutigte Mensch zweifelt. Er zweifelt so lange,

– bis der Zug abgefahren ist,
– bis der Partner sich für jemand anderen entscheidet,
– bis ihm alle Felle weggeschwommen sind,
– bis Eltern, Partner, Freunde, Brüder oder Gott ihm einen Schubs geben.

Allerdings werden diese »Schieber« für alle Schübe verantwortlich gemacht.

– »*Ihr* wolltet es so!«
– »*Ihr* habt entschieden!«
– »*Ihr* habt diesen Schritt zu verantworten!«

Wer als Seelsorger diesen Zweiflern auf den Leim kriecht und ständig Ratschläge gibt und fertige Antworten parat hat, begeht einen entscheidenden Beratungsfehler. Er fördert den Zweifel bei den Ratsuchenden und trägt noch die Verantwortung für alle Ratschläge und Antworten, die er gegeben hat. Zweifel, der Fehlerlosigkeit beinhaltet, ist auch für uns Christen eine Provokation. Christus ist für Sünder gestorben und nicht für *Fehlerlose*. Der Fehlerlose braucht Christus nicht.

Selbstzweifel – der Stoff, aus dem Versager entstehen

Kein Kind kommt mit der Überzeugung auf die Welt:

– »Ich bin zu dumm, zu dick, zu langsam. Ich bin für andere ein Schlafmittel!«
– »Ich bin nicht liebenswert! Keiner mag mich! Ich bin unausstehlich!«
– »Die anderen sind hübscher, besser, schneller, tüchtiger und intelligenter!«

Selbstzweifel sind »Implantate«, Einpflanzungen durch andere. Eltern, Großeltern, Geschwister und Erzieher haben uns negative Gedanken eingetrichtert. Haben wir uns diese Gedanken einverleibt und glauben an sie, tragen wir sie wie eine schwere Last durchs Leben. Was können Sie tun?

Merksatz 1: Hören Sie auf, sich ständig mit anderen Menschen zu vergleichen.

Es gibt ein schönes deutsches Sprichwort, das heißt: »Sich vergleichen gibt Ärger.« So ist es. Wer sich mit erfolgreicheren, hübscheren, intelligenteren und tüchtigeren Menschen vergleicht, wertet sich ständig ab. Derjenige ist mit den anderen beschäftigt und schaut nur auf seine Fehler, auf seine Schwächen und Defizite.

Gott hat uns begabt. Er hat uns Charisma und Fähigkeiten gegeben, die wir nicht sehen. Wir schauen auf andere und werden neidisch. Uns selbst trauen wir nichts zu und stricken fleißig an unseren Selbstzweifeln.

Merksatz 2: Hören Sie mit Wenn-dann-Überzeugungen auf!

- »Wenn ich den Volkshochschulkurs in Allgemeinwissen belegt habe, dann kann ich mit vielen Menschen mithalten!«
- »Wenn ich mein Abitur gemacht hätte, würde ich viele Positionen leichter anstreben können.«
- »Wenn ich meine Stille Zeit regelmäßig halten würde, könnte ich glaubensmäßig überzeugter sein und würde vielleicht die Mitarbeit in der Gemeinde ansteuern.«

Solange alle diese Bedingungen nicht erfüllt sind, treten Sie auf der Stelle, tun gar nichts, schauen auf die Tüchtigen und bemitleiden sich. Insgeheim werfen Sie Gott vor, daß er Sie benachteiligt, übersehen und ins fünfte Glied gestellt hat. Wenn-dann-Überzeugungen sind hilfreiche Verhaltensmuster, dem Selbstzweifel Tür und Tor zu öffnen.

Zitate über den Zweifel

»Gib deinem Zweifel Glaubensnahrung, damit dein Zweifel verhungert.«
Corrie ten Boom

»Eine der stärksten Waffen aus Satans Waffenkammer ist psychischer Terror. Dazu gehören die Furcht, der Zweifel, Zorn, Feindschaft, Sorge und natürlich auch die Schuld.«
David Seamands

»Ich glaube sogar, Gott möchte, daß wir an dem zweifeln, was wir hören – selbst wenn es aus dem Munde eines Predigers kommt –, so daß wir wissen, *warum* wir glauben, was wir glauben.«
Chris Thurman

»Gemeinsame Eigenschaften neurotischer Menschen, das ist einmal die *innere Unsicherheit und Konflikthaftigkeit,* die sie in vielen Situationen verspüren … Eng damit verbunden sind ständige Zweifel, ob man von dem anderen akzeptiert werde (Annahme und Zugehörigkeit) und ob man etwas richtig mache (Selbstvertrauen oder Angst vor Versagen).«
Samuel Pfeifer

»Wer aber dabei zweifelt und ißt doch, der ist gerichtet, denn es geht nicht aus dem Glauben. Was aber nicht aus dem Glauben geht, das ist Sünde.«
Römer 14, 23

»Da ist keine Festung des Glaubens, in die nicht Elemente des Zweifelns eingedrungen sind.«
Paul Tillich

»Der Zweifel allein ist nicht Weisheit, die Schläfrigkeit im Denken noch weniger. Den Zweifel zu leugnen und sich abzuriegeln gegen ihn, ist nicht Weisheit; aber wachsen kann der Mensch ebensowenig durch Selbstzerfleischung.«
Johann Christoph Hampe

»Die Verdrängung des Zweifels am eigenen Bekenntnis hat seit je den Fanatismus hervorgebracht – wie die Geschichte des Christentums, des Kommunismus und vieler historischer Bewegungen beweist.«
Max Horkheimer

»Zweifel entstehen nie aus Gründlichkeit, sondern aus Ungründlichkeit. Alle diese Willens-, Schwachheits- und Verstandeszweifel erwachsen in einer Seele, die es nicht genau mit dem Wort nimmt.«
Hermann Bezzel

»Es ist der Glaube, der den Sieg Jesu Christi über die Welt bringt. Mit diesem Glauben werden wir fähig, vom Berg der Verzweiflung einen Stein der Hoffnung abzutragen.«
Martin Luther King

»Je näher wir Gott kommen, desto stärker spüren wir unsere Gottesferne, desto weniger selbstverständlich wird uns Gott. Wir erfahren, daß der Glaube den Zweifel zum Zwillingsbruder hat.«
Evangelischer Erwachsenenkatechismus

Der Zweifel entzweit

Der Zweifel treibt einen Keil zwischen Gott und Mensch. Der Zweifel zerreißt das Band der Harmonie zwischen Schöpfer und Geschöpf. Das ist bis heute so geblieben. Der Zweifel ist auch im menschlichen Leben ein gefährlicher Bazillus, der Freundschaften und Ehen zerstört, der Familien auseinanderbringt und der gute Arbeitsbeziehungen unmöglich macht, der Völkerbeziehungen zerschlägt.

Der Sündenfall ist das fatale Ergebnis, das Vertrauen des Menschen in Frage zu stellen. Der Sündenfall, der das Leben des Menschen im Paradies auf den Kopf stellte, wurde durch Zweifel initiiert.

»Die Schlange war das klügste von allen Tieren, die Gott der Herr gemacht hatte. Sie sagte der Frau: ›Hat Gott wirklich gesagt: Ihr dürft die Früchte von den Bäumen im Garten nicht essen?‹«

Professor Helmut Thielicke, der ehemalige Hamburger Theologe, hat unvergeßliche Betrachtungen über den Sündenfall geschrieben. Er stellt die Schlange nicht als »atheistisches Ungeheuer« dar. Sie begegnet den Menschen durchaus fromm. Über den Glauben möchte sie mit dem ersten Menschen reden. Sie flößt Vertrauen ein, will diskutieren über theologische Grundwahrheiten. Im Mittelpunkt steht das Wort Gottes und nichts Nebensächliches. Der Teufel tarnt sich als Vertreter des Guten und als Anwalt Gottes. Aber die Taktik ist zwiespältig. Die Schlange hat nicht umsonst zwei Zungen. Sie redet doppelzüngig. Sie stellt in Frage. Mit dem Fragezeichen wird der Zweifel gesät. Wenn du von allen tausend Früchten essen darfst, warum soll diese eine dann so wichtig sein? Diese *eine* lächerliche Frucht kann doch nicht ein Leben aus den Angeln heben! Gott hat euch den Garten, die Welt zur Verfügung gestellt. Alles dürft ihr essen, auch euch untertan machen. Da kann doch der lächerliche Baum inmitten der grenzenlosen Welt keine Bedeutung haben.

Immer geht es in unserem Leben nur

– um den *einen* Baum,
– um den *einen* Punkt,
– um das *eine* Problem.

Wir sagen gern zu Gott ja, er soll unser Leben bestimmen, nur diesen *einen* Punkt wollen wir für uns behalten. Jeder kennt seinen Schwach-Punkt, jeder weiß, wo er am gefährdetsten ist. Wir alle kennen den »Baum« in unserem Leben, den keiner antasten darf, der für andere und auch für Gott tabu ist.

– Vielleicht ist es der *Ehrgeiz*, den wir nicht aufgeben können,
– vielleicht ist es das *Fernsehen*, auf das wir nicht verzichten wollen,
– vielleicht ist es eine *sexuelle Sünde*, die uns bindet,
– vielleicht sind es *Geld und Karriere*, die zu Göttern neben dem lebendigen Gott geworden sind,
– vielleicht ist es die *Arbeit*, die den Sinn unseres Lebens ausmacht.

Jeder Christ kennt seine *Sorge*, die er Gott nicht ausliefern will und kann. Alles kann Gott haben, nur dieses eine nicht. Der Teufel ist ein Experte, Zweifel ins menschliche Herz zu pflanzen. Darum kann er zu Eva sagen: »Eva, glaubst du wirklich, daß Gott so brutal ist und euch sterben läßt, wenn ihr dieses Bäumchen antastet? Ich schätze diesen Gott ganz anders ein. Er ist hundertmal barmherziger, als ihr glaubt!«

Der Baum des Lebens war bis zur Versuchung vielleicht ein völlig unbedeutendes Gewächs in den Augen der ersten Menschen. Aber der Teufel versteht es, ein Geschenk Gottes an den Menschen zum Problem aller Probleme werden zu lassen. Das Sprichwort trifft in der Tat: »Erhebst du ein Problem zum Problem, bekommst du ein Problem.« Konzentrierst du dich auf ein Problem, frißt dich dieses Problem auf.

Thielicke kommentiert den Sündenfall so: »Hat diese Initialzündung der Versuchung geklappt, dann kommt es ganz von selbst zu weiteren Kettenreaktionen, und die letzte Phase bis zum Nihilismus ist ein Kinderspiel … Der Versucher betreibt also hier eine kleine Brunnenvergiftung. Man könnte diese Aktion auf die Formel bringen: ›Er sät den Zweifel an der Güte

Gottes in Evas Herz.‹ Die Schlange weiß genau: Wenn dieses Saatkorn des Mißtrauens auf einen empfänglichen Boden fällt, ist es vom Zweifel an der Güte Gottes bis zum Zweifel an seiner Existenz nur noch ein ganz kleiner Schritt.«[37]

Zweifler – Menschen mit zwei Seelen?

So sieht es aus: »Zwei Seelen wohnen, ach, in meiner Brust«, schrieb Goethe im »Faust«. Als Gleichnis ist der Ausdruck richtig. Es sieht so aus, als hätten wir zwei Seelen in unserer Brust. Nein, wir sind *eine* Seele. Aber wir können zwiespältig sein, wir können hin- und hergerissen werden. Der Zweifel treibt uns von einer Meinung zur anderen. Der Blick fliegt von einem Objekt zum anderen.

Petrus ist dafür ein klassisches Beispiel. Jesus kommt den Jüngern über die Wellen auf dem Wasser entgegen. Petrus hat den Glaubensmut und geht dem Herrn entgegen. Und dann bricht der Zweifel los. Die Realitäten der Welt, hier die tobende See, fegen den Glaubensmut des Petrus beiseite. Der zweifelnde Blick auf die Wellen reißt ihn in die Tiefe.

Welche *Tatsachen* reißen unseren Blick von Jesus fort?

Welche *Realitäten* stellen unseren Glauben in Frage?

Welche *Lebenserfahrungen* lassen uns an seinem Wort zweifeln?

Wie heißt es im Matthäus-Evangelium: »Jesus aber streckte seine Hand aus und ergriff ihn und sprach zu ihm: ›O du Kleingläubiger, warum zweifelst du?‹« (Matthäus 14, 31)

Der englische Theologe W. Barclay hat exakt die Seelenlage des Zweiflers charakterisiert, wenn er schreibt: »Der Bittende sollte nicht zweifeln, wenn er bittet. Er soll gewiß sein, daß Gott die Macht und das Verlangen hat, zu geben. Er sollte nicht zweifeln, denn wer zweifelt, ist wie die Meereswoge, die vom Winde getrieben und bewegt wird. Jemand hat einmal gesagt, ein solcher Mensch sei wie ein Kork, der von den Wellen bald nahe an die Küste, bald weit hinaus aufs Meer getragen werde. Ein anderes Bild besagt, ein solcher Mensch sei wie ein Betrunkener, der von einer Straßenseite auf die andere torkele, ohne ans Ziel zu gelangen. Jakobus bezeichnet solche Menschen als *dipsychos*, als einen Menschen, in dessen Brust zwei Seelen wohnen, eine gläubige und eine ungläubige; sein Vertrauen zu Gott liegt beständig im Widerstreit mit seinem Mißtrauen gegen Gott.«[38]

Ein wesentlicher Gedankengang steckt noch in dem Gesagten. In der Regel sind die »gläubige Seele« und die »mißtrauische Seele« nicht gleich stark, wenn wir dieses anschauliche Bild aufrechterhalten wollen. Der Zweifel ist stärker, das Mißtrauen ist größer. Darum wird das Ziel verfehlt, wie Barclay schreibt. Der Betrunkene torkelt durch die Gegend. Der Kork schwimmt überall und nirgends. Der Zweifler ist »wie eine Meereswoge, die vom Winde getrieben und bewegt wird« (Jakobus 1,6).

Der Zweifel hat den Petrus zum Sinken gebracht. Und der Zweifel erschüttert immer wieder unser Vertrauen zum lebendigen Gott.

Zweifel oder Gewißheit?

Wie bekommen wir Gewißheit des Glaubens? Zweifel und Gewißheit sind Gegensätze. Die Gewißheit schließt den Zweifel aus. Aber was ist Gewißheit?

- Von Gott bejaht zu sein, das ist Gewißheit;
- von Gott vorbehaltlos geliebt zu sein, das ist Gewißheit;
- von Gott in Christus erlöst zu sein, das ist Gewißheit.

Gewißheit hat nichts mit Selbsterlösung, mit Selbstrechtfertigung, mit eigener Leistung, mit Selbstbehauptung zu tun.

Auch das stimmt: Glaubensgewißheit ist nicht ein *Gefühl*. Wenn es so wäre, hätten Pessimisten, Skeptiker und Befürchter keine Chance. Gefühle sind wetterwendisch. Heute bin ich hochgestimmt, morgen deprimiert. Heute scheint die Sonne, mein Gemüt ist sonnig. Morgen regnet es, meine Stimmung ist trübe. Wer sich auf Gefühle verläßt, verläßt sich auf sich, auf seine Emotionen, auf sein seelisches Gestimmtsein. Wir sind uns selbst ausgeliefert, und die Folge ist: Die Glaubensgewißheit ruht *in mir*. Nein, die Glaubensgewißheit ruht in IHM.

Wir vertrauen *seiner* Zusage, nicht *unseren* Stimmungen. Wir verlassen uns auf ihn, nicht auf unsere zweifelhaften Gefühle. Billy Graham schreibt unmißverständlich, wie die Dinge zusammenhängen: »Merke dir diese drei Worte, die dir den Weg aus der Unsicherheit zu einem zuversichtlichen, christlichen Leben zeigen werden. Sie heißen *Tatsache*, *Glaube* und *Gefühl*. Sie erscheinen in dieser Reihenfolge. Das ist sehr wichtig. Christi Auferstehung ist eine *Tatsache* ... Der Glaube muß einen Gegenstand und ein Ziel haben. Der Gegenstand ist Christus. Der Glaube bedeutet faktisch Übergabe an die Forderungen Christi. Das *Gefühl* ist das letzte der drei Worte. Sicherlich gibt es bei dem erlösenden Glauben auch Raum für das *Gefühl*, aber wir werden auf keinen Fall dadurch gerettet.«[39]

Noch einen Schritt weiter. Wie kann der Zweifel überwunden werden? Welche Schritte kann der Zweifler gehen?

Der Generalsekretär des CVJM und Evangelist Ulrich Parzany drückt es in einem Buch so aus: »Und das ist das Wunder, von dem die Bibel von Anfang bis Ende redet. In Jesus hat sich Gott zu erkennen gegeben. Und nun lädt er uns ein, Gemeinschaft mit ihm zu haben. Er ruft uns zu Vertrauen und Gehorsam. Er redet uns an, damit wir zu ihm reden können. ›Das ist zunächst nur eine Behauptung‹, kann der Zweifler sagen. ›Wer sagt mir, daß der Schöpfer des Universums in Jesus Christus gekommen ist? Wer sagt mir, daß dies nicht eine willkürliche Behauptung ist? Wer sagt mir, daß ich mir hier nicht wieder etwas einbilden soll?‹ ... Wir sind also eingeladen zu prüfen. Die Begegnung mit Jesus selbst muß es bringen. Glaube ist nicht die Zusammenfassung von Anschauungen, die ich bejahe, obwohl ich sie nicht beweisen kann. Glaube ist Vertrauen. Ich glaube *wem*. Deshalb ist Glaube im tiefsten Wesen Kontakt, Lebensgemeinschaft mit dem lebendigen Christus ... Gewißheit kann nicht durch noch so geschickt zusammenge-

fügte Argumente erworben werden. Alles, was aus mir kommt, kann höchstens mehr oder weniger starke Überzeugung sein. Gewißheit gibt es nur, wenn der lebendige Herr sich selbst bezeugt, so daß unsere Zweifel überwunden werden.«[40]
Der Zweifel kann nur überwunden werden durch *prüfen.* Parzany hat recht, wir sind eingeladen zu prüfen. Die Werbung benutzt auf der weltlichen Ebene die gleiche Methode. »Test the West« – Testen Sie diese Zigarette! Testen Sie die vielen verführerischen Düfte des Parfums! Wer testet, entscheidet sich leichter. Wer zweifelt, will vor dem Leben fliehen. Dürfen wir die Zusagen unseres Herrn testen? Ganz sicher. Er lädt uns ein: »Komm und sieh!« Schmecket und sehet, wie freundlich der Herr ist!
Der Begründer der »Moralischen Aufrüstung«, Dr. Frank Buchman, faßte sein Lebenswerk so zusammen: »Durch ein Wunder des Heiligen Geistes kann Gott zu jedem Menschen reden. Seine Stimme kann in jeder Familie, in jedem Betrieb und in jedem Regierungsgebäude gehört werden. Wenn der Mensch horcht, spricht Gott. Wenn der Mensch gehorcht, handelt Gott.« Nicht die intellektuellen Zweifel blockieren den Menschen, sondern sein Zaudern, sein Zögern, sein Mißtrauen, seine Skepsis, um es mit Jesus zu *wagen.* Sagen wir nicht spöttisch: »Wer nicht wagt, der nicht gewinnt!« Wer den Glaubenssprung wagt, wird neue Erfahrungen machen. Glaubensgewißheit ist ein Geschenk.

Der Mensch ist ein Entscheidungen treffendes Wesen

Vom richtigen Umgang mit Willensschwäche

Der Begründer der Logotherapie, der bedeutende Psychiater Viktor E. Frankl, schrieb einmal über die Willensschwäche: »Schuld an allem sind die Komplexe, die wir haben. Der Mensch ist dann für nichts mehr verantwortlich. Aber wie weise antwortete mir einmal eine schizophrene Patientin auf meine Frage, ob sie sich etwa nicht wie willensfrei vorkomme: ›Wissen's, Herr Doktor, i' bin willensfrei, wenn i' will, und wenn i' net will, bin i' net willensfrei.‹ Das ist es. Wir benutzen die Willensfreiheit, wie es uns paßt.«

In der Handlung zeigt sich die wahre Absicht

Der Wille spielt im menschlichen Leben eine entscheidende Rolle. Willensstärke und Willensschwäche entscheiden über den Erfolg und Mißerfolg im Leben. Das weiß jedes Kind. Der willensstarke Mensch verfolgt kraftvoll und engagiert seine Ziele. Der willensschwache kapituliert vor den kleinsten Anforderungen im Leben.
Das Leben vom Aufstehen bis zum Schlafengehen, von der Wiege bis zur Bahre ist ein lebendiger Prozeß von Willensentscheidungen.
Pausenlos müssen wir uns entscheiden.
- Ich muß mich entscheiden, pünktlich aufzustehen;
- ich muß mich entscheiden, nicht zu trödeln;

- ich muß mich entscheiden, nicht zu viel und nicht zu wenig zu essen;
- ich muß den Willen aufbringen, zu üben, zu lernen, Sport zu treiben und bei Aufgaben Geduld zu zeigen;
- ich muß den Willen aufbringen, mich zu bewegen und fit zu sein;
- ich muß mich entscheiden, kein Abhängiger, in welcher Beziehung auch immer, zu werden;
- ich muß mich entscheiden, Aufgaben *sofort* anzupacken oder sie aufzuschieben.

Kurzum, das Leben ist ein ununterbrochener Prozeß von Willensentscheidungen. Und in der Handlung erkenne ich die wahre Absicht. Die Handlung zeigt, was ich im Tiefsten wollte.
Nun gibt es allerdings Menschen, die gelernt haben, sich aufgabenorientiert zu entscheiden, die leicht und ohne Anstrengung die Aufgaben aufgreifen, die ihnen vor die Füße gelegt sind, und es gibt Menschen, junge und erwachsene, die trainiert haben,

- auszuweichen, sich hängen zu lassen,
- sich zu verweigern,
- sich treiben zu lassen,
- alles auf sich zukommen zu lassen,
- den Anforderungen des Lebens keinen Eigenwillen entgegenzusetzen.

Wie erklären wir uns diese Verhaltens- und Einstellungsmuster? Werden Kinder mit starken oder schwachen Willenskräften geboren? Sind die unterschiedlichsten Willenskräfte vererbt?

Willenseinstellungen sind Lebensstilaussagen

Der Lebensstil eines Menschen, das ist die Summe seiner Persönlichkeitseigenarten. Der Lebensstil beinhaltet

- seine Denk-, Gefühls- und Verhaltensmuster,
- seine Lebensgrunduberzeugungen,

– seine Lebensgewohnheiten, seine Vorurteile,
– seine Schwächen und Stärken,
– seine Glaubensüberzeugungen und damit seine Einstellung zu Gott und Christus.

Im Lebensstil sind alle positiven und negativen Denk-, Fühl- und Verhaltensmuster zusammengefaßt.

Von daher sind auch Willensstärke und Willensschwäche, Willenskraft und Willenlosigkeit im Lebensstil beheimatet.

Der ehrgeizige, willensstarke und aktive Mensch hat einen Lebensstil, der durch Engagement, durch Einsatz, durch Streben und Entscheidungsstärke gekennzeichnet ist. Der Sinn seines Lebens besteht darin,

... sich durch Mitarbeit zu bewähren,

... sich durch Aktivität zu bestätigen,

... durch Einsatz seiner Gaben und Charismen einen Beitrag für die Gemeinschaft zu leisten.

Der kleine Mensch hat seine Eltern und Geschwister, Großeltern und sonstige Familienangehörigen beobachtet und aus Gesprächen, Auseinandersetzungen und gemeinsamen Erlebnissen Schlüsse gezogen. Er kann konstruktive und destruktive Schlüsse ziehen. Er kann zu lebensbejahenden und lebensverneinenden Überzeugungen kommen.

Der kleine Mensch wird nicht einseitig in Rollen gedrängt und manipuliert. Sein schöpferischer Geist urteilt, gewichtet und zieht Konsequenzen. Der kleine Mensch ist nicht schicksalhaft seinen Veranlagungen ausgeliefert.

Gewinnt er die Lebensüberzeugung, daß sich das Leben lohnt und daß er gebraucht wird, entwickelt er eine positive Willenseinstellung. Gewinnt er die Lebensüberzeugung, daß das Leben ein einziger Betrug ist, daß er benachteiligt, übervorteilt und stiefmütterlich behandelt wird, kann er sich lebensfeindlichen Willenseinstellungen hingeben. Was tut er?

– Er mauert,
– er hintertreibt,
– er fühlt sich gehindert und gelähmt,

– er verweigert sich und praktiziert willenlose Verhaltensmuster.

Ich habe einen 33jährigen Mann in der Beratung gehabt, der von klein auf den Eindruck hatte: »Nur wenn ich passiv und willenlos erscheine, werde ich betreut und geliebt. Nur wenn ich meine Hände in den Schoß lege, kümmert man sich um mich. Strenge ich mich an, sieht mich keiner. Gebe ich mir Mühe, sieht das jeder als selbstverständlich an. Nur wenn ich kraftlos bin, stürzen sich die Helfer auf mich. Ich scheine ihnen einen Gefallen zu tun.«

Und das Unvorstellbare ist: Er tut ihnen in der Tat einen Gefallen. Wie kommt ein Mensch zu solcher Logik? Die gemachten Erfahrungen sprechen für sich. Eltern und Erzieher haben seine Anstrengungen mißachtet. Eltern und Erzieher haben Leistungen, Beiträge und aktive Mitarbeit nicht bestätigt. Das Kind spürt, was einige Erwachsene brauchen. Je mehr Erwachsene sich als Fürsorger, Retter und Helfer profilieren, um sich Anerkennung und Zuwendung zu verschaffen, desto mehr spielen ihre Kinder ihnen in die Hände.

Ein erwachsener Mann hat schon als Kind gelernt: »Gib den Erwachsenen die Chance, ihre Überfürsorglichkeit abzureagieren. Sie fühlen sich wohl, haben gute Taten getan und sonnen sich in ihrer Helfergesinnung.«

Ihr Denken ist dem willensstarken Rettertyp entgegengesetzt.

– Sie lassen sich *bedienen*,
– sie lassen sich *bemuttern*,
– sie lassen sich *aushalten*,
– sie tragen zum *Glücklichsein* anderer Menschen bei.

Diese Menschen verstehen es, für sich denken zu lassen. Sie lassen auch für sich entscheiden. Das ist keine Satire, das ist die bittere Wahrheit im Bereich der Erziehung.

Willensschwäche ist ein Sicherungsmanöver

Der Psychologe und Psychotherapeut Igor Caruso schrieb vor 45 Jahren einen Beitrag über Sucht. Darin läßt er einen Patienten zu Wort kommen, der folgende Zeilen formuliert:
»Man spricht von Willensschwäche, von der Genußsüchtigkeit und der Asozialität der Morphinisten, und sicher hat man recht. Aber das alles zeigt doch, daß man auch vor dem Ausbruch der Sucht willensschwach, genußsüchtig und asozial gewesen sein muß. So ist der erste Morphiumgenuß nur ein Anlaß, eine Verführung. Woher kommt aber die Willensschwäche? … Das interessiert die Herren nicht. Mich interessiert es aber, weil hier der Schlüssel zu meiner dauernden Besserung liegt. Ich werde ihnen sagen, *Herr Doktor, das Morphium war ein Sicherungsmanöver, gerade weil ich schon feige, schwach und genußsüchtig war.*«[41]
Nicht der Drogensüchtige wird durch Drogen willensschwach, sondern der Genußsüchtige, der Verwöhnte, der feige Mensch, der sich drückt und vor der Verantwortung flieht, nimmt Drogen.
Der Patient hat recht: »Hier liegt der Schlüssel zur dauernden Besserung.«
- Drogen sind *Sicherungsmanöver*,
- Drogen sind *Schutzmechanismen*,
- Drogen sind *Ausreden*.

Der Mensch wird nicht asozial und gemeinschaftsfeindlich durch Drogen. Das auch. Der Mensch *ist* gemeinschaftsfeindlich, asozial und egoistisch, bevor er zum Drogenkonsumenten wird.

Der Wille zur Änderung ist erforderlich!

Der holländische Arzt und Psychotherapeut Gerard J. M. van den Aardweg formuliert es so: »Was der Wille vermag, wird von modernen Persönlichkeitstheorien nicht sehr hoch eingeschätzt, obwohl es kaum möglich ist, die seelischen Prozesse zu untersuchen, die in der Psychotherapie ablaufen, ohne daß man auf die entscheidende Rolle stößt, die der Wille spielt. … Der Wille muß *in jeder Therapie* die Entscheidung für eine grundlegende Änderung treffen. Er muß den Beschluß fassen, sich für Selbsterkenntnis und weniger schmeichelhafte Tatsachen zu öffnen, er muß Negatives, das negativ *ist*, erkennen und bekämpfen wollen. Neurotische Impulse können als programmiert angesehen werden, in der selbständig wirkenden Struktur, die wir das Kind, das sich bemitleidet, nennen. Dennoch ist es der Wille der Person, der mehr oder weniger bewußt entscheidet, die neurotischen Impulse sich entwickeln zu lassen, wie sie wollen. Das Kind, das sich bemitleidet, und dennoch ist es der Wille der Person.«[42]

Das heißt: Neurotische und verhaltensauffällige, destruktive Strukturen kann man als programmiert ansehen. Richtig. Aber wir Menschen sind keine Computer, die von außen, ohne unsere Mitbeteiligung programmiert werden können. Das ist der wesentliche Unterschied zwischen Computern und Menschen.

Computer haben kein Eigenleben, haben keinen eigenen Willen, ihnen fehlt die Mitbestimmung. Kleinkinder dagegen haben ein starkes Eigenleben.

– Sie können *sich wehren*,
– sie können *mitbestimmen*,
– sie können *Programmierungen verändern*,
– sie können Gebote und Verbote *umdeuten*.

Schon der Säugling hat unglaubliche Möglichkeiten, sich entsprechend für oder gegen seine Betreuer zu entscheiden. Er handelt so, *als ob* er wüßte, was er anstellen muß, um seine Betreuer zu manipulieren. Der Säugling weiß es nicht, aber er handelt so, *als ob* er es wüßte. Das sind Erkenntnisse im philosophischen und pädagogischen Denken.

Wir entscheiden uns, zu wollen oder nicht zu wollen

Unsere täglichen Formulierungen verschleiern, daß wir uns innerlich für oder gegen etwas entschieden haben. Therapeuten der »Rational-Emotiven Therapie« (RET) formulieren das so:

»Klienten bringen die Bedeutungen in ihren täglichen Problemen gern durcheinander (zum Beispiel: ›*Ich muß* arbeiten gehen!‹, ›*Ich muß* meine Medizin nehmen!‹, ›*Ich muß* meine Mutter anrufen!‹). Man kann sie darauf hinweisen, daß ein Mensch selten handelt, ohne sich dazu zu entscheiden. Ausdrücke wie ›müssen‹, ›sollen‹ und ähnliche implizieren, daß wir irgendwie dazu gezwungen werden, uns in einer bestimmten Weise zu verhalten, während wir uns in Wirklichkeit dazu entscheiden. Wenn wir diese Ausdrücke verwenden, versetzen wir uns in die Rolle eines Opfers und erlauben uns, in Selbstmitleid zu schwelgen. Statt dessen könnten wir sie durch passendere Wendungen ersetzen, wie ›ich will‹ oder ›ich habe vor‹, ›ich habe im Sinn‹ usw. Wenn ein Klient sagt: ›Ich muß zur Arbeit gehen‹, kann der Therapeut erwidern: ›Nein, durchaus nicht. Sie können zum Fischen gehen oder zu einem Fußballspiel, oder Sie können im Bett bleiben, wenn Sie wirklich wollen. Wenn Sie zur Arbeit gehen dann, weil Sie sich dazu entscheiden, egal, was Sie sich selbst einreden. Sie wollen nur nicht die Konsequenzen auf sich nehmen, nicht zur Arbeit zu gehen.‹«[43]

Unsere Sprache verrät uns. Wenn wir ehrlich sind: Müssen wir oder wollen wir? Werden wir durch irrationale Befehle gelenkt, oder treffen wir überall bewußte oder unbewußte Willensentscheidungen? Welche unverstandenen Motive bestärken oder blockieren unsere Willensentscheidungen?

Wo ein Ziel ist, da ist auch ein Wille

Wir alle kennen das Sprichwort: »Wo ein Wille ist, da ist auch ein Weg!« Das erscheint richtig. Und doch bleibt eine Lücke in der Logik. Sie lautet:

- Wo *kein* Wille ist, da ist auch kein Weg.
- Wo *keine* Motivation ist, da fehlen Wege und Möglichkeiten.

Die entscheidende Frage lautet: »Woher bekomme ich den Willen?«

- Woher nehme ich die *Motivation*?
- Wer gibt mir den *Antrieb*?
- Wem verdanke ich das *Engagement*?
- Woher nehme ich das *Interesse für eine Sache*?

Der Begründer der Logotherapie, Viktor Frankl, hat das Sprichwort: »Wo ein Wille ist, da ist auch ein Weg« in Frage gestellt. Meines Erachtens hat er völlig recht. Seine These lautet: »Wo ein *Ziel* ist, da ist auch ein Wille.« Anders ausgedrückt: Wer ein Ziel verfolgt, hat immer die Willenskraft, um das Ziel anzustreben.

- Wer ein Ziel hat, der zeigt Engagement.
- Wer ein Ziel hat, der geht ermutigt an die Realisierung heran.
- Wer ein Ziel hat, packt zuversichtlich Aufgaben an.
- Wer ein Ziel hat, läßt sich in seiner Willensanstrengung nicht umstimmen.
- Da ist ein Schüler, der verfolgt das Ziel, das Abitur zu machen.
- Da ist ein Facharbeiter, der verfolgt das Ziel, die Meisterprüfung zu machen.
- Da ist ein Ehepaar, das verfolgt das Ziel, ein Haus zu bauen.

Je deutlicher Sie das Ziel vor Augen haben, desto weniger lassen Sie sich entmutigen, desto weniger lassen Sie sich vom Kurs abbringen. Frankl hat recht: Wo ein Ziel ist, da ist auch ein Wille. Auf unser Thema gemünzt heißt das: Wo ein Ziel ist, da ist auch Willenskraft. Wo ein Ziel ist, hat das Leben einen

Sinn, wenn auch einen begrenzten, weil das Ziel unter Umständen ein begrenztes ist.
Wer kein Ziel hat, hat keinen Willen.
- Er läßt sich treiben.
- Er läßt sich leben.
- Er wird gelebt.
- Er wird mitgerissen.

Warum verüben viele Jugendliche oft *sinnlose* Verbrechen? Was bringen junge Menschen zur Sprache, die sich zu kriminellen Handlungen hinreißen lassen? Das Wort »sinnlos« ist der Schlüssel für diese Verbrechen. Ihr Leben ist ohne Sinn, ihr Verhalten verrät ein Unerfülltsein.
Ziele, für die es sich lohnt zu leben, existieren nicht. Die Erwachsenen haben es nicht vermocht, diese jungen Menschen zu begeistern, zu motivieren, ihnen Lebensinhalte zu vermitteln. »Langeweile ist tödlich«, sagt das Sprichwort.
- Langeweile ist die Folge des Sinnlosigkeitsgefühls.
- Langeweile ist destruktiv.
- Langeweile hat etwas Zerstörerisches.

Meine Unzufriedenheit schlägt sich in Zerstörungswut nieder.

Der Mensch ist ein Entscheidungen treffendes Wesen

Entscheidungen werden in der Regel aktiv oder passiv gefällt.
Wir können den Gang unseres Lebens
- willentlich aktiv,
- willentlich konstruktiv,
- willentlich passiv,
- willentlich destruktiv beeinflussen.

Nicht nur Ja- und Nein-Entscheidungen sind folgenreich, auch *Enthaltungen*. Wer die Augen verschließt, nichts hören und sehen will, fällt eine Willensentscheidung. Wer abschaltet und dem Zweifel oder dem sogenannten Schicksal die Verantwortung zuschiebt, *hat* eine Willensentscheidung getroffen.

Als der Philosoph Jean-Paul Sartre den Satz formulierte: »Ich bekenne den Unglauben«, hat er ein *aktives* Glaubensbekenntnis abgelegt.
Wir sind keine Opfer, jedenfalls nicht in erster Linie. Der Gedanke, daß wir Opfer sind, Opfer von Einflüssen, hat sich tief in unsere Vorstellung eingegraben. Unser Denken ist geradezu davon verseucht. Wir sagen:
- Wir sind *Opfer* unseres Erbgutes.
- Wir sind *Opfer* unserer Erziehung.
- Wir sind *Opfer* unserer Gesellschaft.
- Wir sind *Opfer* unserer Gefühle.
- Wir sind *Opfer* unserer Triebe.
- Wir sind *Opfer* aller möglichen Kräfte.
- Wir sind *Opfer* unserer Umwelt.

Wir sind zu Opfern erzogen und gemacht worden. Die Erziehung hat uns ein brauchbares Alibi geliefert. Und wir haben teuflisch gut gelernt,
- dieses Wissen anzuwenden,
- uns zu entschuldigen,
- uns zu drücken,
- uns herauszureden,
- uns reinzuwaschen.

Wir sind in Rollen gepreßt worden, sagen wir. Wir sind in Rollen gezwungen worden, glauben wir. Wir reden von Strukturen, gegen die wir machtlos sind. Darum schieben wir Schuld auf andere, wie Adam und Eva das im Paradies praktizierten.
Entschuldigungen blockieren die Verantwortung. Sie verändern nichts. Es handelt sich um Ausreden und Alibis. Entschuldigungen sind Mittel zum Zweck,
- um uns zu rechtfertigen;
- um uns zu befreien;
- um uns freizukaufen;
- um uns ein sauberes Image zu verschaffen.

Wichtig ist:
... daß wir die falschen Annahmen beim Namen nennen,

… daß wir die falschen Annahmen verändern wollen,
… daß wir die falschen Annahmen nicht beschönigen,
… daß wir die falschen Annahmen nicht verteidigen.
Selbsterkenntnis ist der erste Schritt zur Besserung. Ohne Selbsterkenntnis keine Kurskorrektur. Sie leitet die Veränderung der falschen Annahmen ein. Ohne Selbsterkenntnis kein Weg zu neuen Entscheidungen und kein Schritt in Richtung Willensstärke.

Der »freie Wille« und der »unfreie Wille«

Es gibt Menschen, die reden sich heraus:
– »Wenn Gott will, gibt er mir Willenskraft.«
– »Wenn Gott nicht will, bleibe ich ohne Willenskraft.«
Wenn also der Mensch willenlos dahintreibt, ist Gott der Schuldige. Diese Schlußfolgerung ist geistig verdreht. Der unfreie Wille, den Martin Luther kristallklar herausgestellt hat, meint nicht unsere Fähigkeit, ob ich sitzen oder stehen, ob ich essen oder fasten, ob ich reden oder schweigen will. Der »unfreie Wille« meint die Unfähigkeit, auf eigenwillige Weise erlöst und befreit zu werden.
Im Leben und in der Theologie, in der Therapie und in der Praxis der Seelsorge gibt es Aussagen, die sich gegensätzlich fruchtbar ergänzen, und es gibt Aussagen, die sich gegenseitig ausschließen. Leider werden diese Dinge oft in einen Topf geworfen. Wir stellen widersprüchliche Aussagen als unvereinbare Gegensätze hin, die aber aufeinander bezogen sind. Versuchen wir, uns das an einem Beispiel klarzumachen:
In der Geschichte von Maria und Martha wird offensichtlich Marias Handeln, nämlich das Hören auf den Herrn, von Jesus selbst als wesentlicher und not-wendiger hingestellt als das Tun der Martha. Maria hat das Bessere gewählt, und das soll nicht von ihr genommen werden (Lukas 10, 42).
Lesen wir aber den gesamten Textzusammenhang, dann bekommen diese Worte ein ganz anderes Gepräge. Jesus erzählt

vorher die Geschichte vom »barmherzigen Samariter«. Im Mittelpunkt steht das Tun, das Handeln, das Hingehen. Zwei positive Geschichten, die aufeinander bezogen sind. Hören und Tun sind wichtig. »Sammlung und Sendung« gehören zusammen. Allerdings setzt Jesus in jeder Geschichte einen anderen Schwerpunkt. Das ist die Realität.

Martin Luther hatte damals eine heftige Auseinandersetzung mit Erasmus von Rotterdam, der ein Buch über den »freien Willen« geschrieben hatte. Luther widerstand ihm bis aufs Blut. Er schrieb eines seiner bedeutendsten Bücher über »De servo arbitrio« (Vom unfreien Willen).

Mit unserem *Willen*, mit unserer *Macht*, mit unserm *Tun*, mit unserer *Opferbereitschaft*, mit unseren *guten Werken* ist nichts *getan*.

Nichts kann uns retten. Seine Gnade, sein Opfertod am Kreuz allein retten von Tod, Sünde und Teufel. Luther geht davon aus, daß der Mensch in der Tiefe seines Seins ein Sünder ist. Ohne Christus ist er verloren, auch wenn er der ehrlichste, reinste, sauberste und edelste Mensch wird. Von daher ist auch der Wille des Menschen *unfrei*, er kann nicht wollen, daß Gott sein uneingeschränkter Herr sei.

Selbstverständlich hat der Mensch einen freien Willen, sich für Rotkohl oder Spinat, für Mathematik oder Musik, für SPD oder CDU zu entscheiden. Aber er ist unfrei, sich uneingeschränkt für Christus entscheiden zu können. Selbst der Glaube ist kein Wert, sondern ein Geschenk. Das Dreifache allein, das Luther als Reformator unmißverständlich betont hat, rettet und macht frei: Christus *allein*, der Glaube *allein*, das Wort Gottes *allein*.

Wenn jemand formuliert: »Ich habe mich bekehrt!«, ist dieser Satz theologisch und biblisch falsch.

– *Ich* kann mich nicht bekehren.
– *Ich* kann die Rettung nicht erzwingen.
– *Ich* kann das Heil aus eigener Kraft nicht erlangen.

Der Satz kann bestenfalls heißen: »Ich bin bekehrt worden.« Oder: »Christus hat mich zum Glauben gebracht!« Paulus hat im Philipperbrief die Fragwürdigkeit des eigenen Willens noch einmal betont: »Schaffet, daß ihr selig werdet mit Furcht und Zittern; Gott schafft beides, das Wollen und das Vollbringen.« Auch das Wollen geht auf den lebendigen Gott zurück. Den Wollenden schenkt er Wollen und Vollbringen. Nicht Wollenden zwingt der Herr nicht seinen Willen auf.

Warum kann der Mensch nicht wollen?

Gibt es eine Bremse, die den Willen lähmt, eine wirkliche Änderung anzustreben?
Viele wollen nicht, weil sie die Handbremse, die sie gezogen haben, nicht erkennen. Ein Beispiel mag das verdeutlichen:
Da ist eine Frau, die in der Beratung folgendes Thema anspricht: »Ich bin 31 Jahre alt und sehne mich nach einem Mann, nach einem Lebensgefährten. Ich habe schon einige kennengelernt, aber nach kurzer Zeit verliere ich sie wieder. Ich bin wieder allein. Ich fürchte, mir steht eine Zwangsneurose im Wege. Oft putze ich jeden Tag drei oder vier Stunden Fenster. Mich stört das gewaltig, aber ich kann es nicht ändern. Solange ich diese Störung habe, schäme ich mich, einen Mann an mich zu binden.«
Die Gespräche ergeben, daß die Frau einer Täuschung unterliegt. Sie *glaubt*, daß die Zwangsneurose die *Ursache* für die gestörten Partnerbeziehungen sei. Solange sie diesen Putzzwang hat, glaubt sie, kann sie keine zufriedenstellende Partnerbeziehung aufnehmen. Das klingt logisch und einleuchtend. In Wahrheit verhält es sich aber ganz anders. Die Frau *benutzt* die Zwangsneurose, um keine feste Partnerbeziehung einzugehen. Ihr Putzzwang hat den Sinn, etwas im Leben vollkommen fehlerfrei und perfekt zu beherrschen. Putzsucht oder Putzzwang sind der Versuch, in der unvollkommenen Welt, in der Welt der Ungerechtigkeit und der Mängel ein Stück Vollkommenheit und absolute Perfektion herzustellen. Mit anderen Worte: Sie sucht das Nonplusultra. Sie will das

Optimale im Leben. Ihre Unzufriedenheit ist die Folge ihres hohen Anspruchs. Ihre Unzufriedenheit ist nicht die Folge davon, daß sie keinen Partner findet.
Sie *will* einen Mann, einen Lebenspartner, aber einen Einzigartigen. Ihr Putzzwang verhindert, sich auf einen Mann festzulegen. In ihr steckt eine tiefsitzende Angst, den *einmaligen* Partner zu verfehlen. Legt sie sich fest, kann sie nicht mehr offen sein für den *einmaligen* Mann, der ganz sicher irgendwo auf sie wartet.
Versuchen wir, dieses Beispiel auf den gebremsten Willen anzuwenden, heißt das:
Sie will mit dem Kopf, unbewußt aber kann sie nicht wollen. Unbewußt bremst sie ihren Willen, unverstanden torpediert sie ihre Willenskräfte. Aufgabe der Seelsorge oder der Beratung ist es, diese Willensblockaden und diese selbstproduzierten Willensbarrieren aufzuzeigen und bewußtzumachen.
Wir sprechen vom *neurotischen Willen*. Für den Außenstehenden erscheint der Neurotiker, der seelisch Kranke, völlig willensschwach. Der Wille scheint so weit ausgehöhlt zu sein, daß er völlig zu fehlen scheint. Täuschen wir uns nicht. Dem Neurotiker fehlen die Willenskräfte für Aufgaben, die *uns* wichtig erscheinen. Der Neurotiker ist willensschwach, wenn es um *Lebensaufgaben* geht, die im Zusammenleben gemeistert und bewältigt werden müssen. Er ist kraft- und willenlos, unangenehme Behördengänge zu erledigen, er ist kraft- und willenlos, sein Studium oder die Schule zu Ende zu bringen, er ist kraft- und willenlos, sich im Beruf zu behaupten, aber er hat ungeahnte Kräfte, sich zu *verweigern*.
Nehmen wir beispielsweise den Pubertätsmagersüchtigen, der eine unüberbietbare Willenskraft demonstriert, wenn es um Essensverweigerung geht. Seine Willenskraft zu hungern ist unbeugsam. Mehr als 10 % der Pubertätsmagersüchtigen hungern sich zu Tode. Der Wille zum Widerspruch ist durch keine Macht der Welt zu brechen.
Nehmen wir den Kriminellen. Sein Wille, ein konstruktives und prosoziales Leben zu führen, ist gleich null. Er hat keine

Geduld, an einer Arbeitsstelle durchzuhalten. Sein Wille, zuverlässig und verantwortlich zu arbeiten, ist gebrochen. Seine Leistungsbereitschaft ist völlig untergraben. Er beweist uns, sein Wille ist gelähmt.

Der Kampf mit sich selbst

Der amerikanische Psychiater und Therapeut Rudolf Dreikurs, einer der namhaftesten Adler-Schüler, beschreibt in einem seiner Bücher den *unsinnigen* Kampf mit sich selbst.
Er beschreibt präzise, warum diese Anstrengungen erfolglos sind und die Versuche der Selbstkontrolle und Selbstbeherrschung häufig scheitern.
Er schreibt: »Unsere Versuche der Selbstkontrolle haben ihren Ursprung in unserer Kindheit, in einer Zeit also, in der man uns unaufhörlich einprägte ›uns zu beherrschen‹. Selbstkontrolle wird damit zu einem äußerst bedeutenden Wort. Der ihr zugrunde liegende Mangel ist nicht leicht zu entdecken, denn die Selbstbeherrschung *scheint* mindestens nicht selten Erfolg zu haben. Werfen wir unsere Dämonen nicht dann und wann zu Boden und gehen siegreich und ›gut‹ aus dem Kampf hervor? ... *Die Anstrengung, uns selbst zu beherrschen, ist nur dann erfolgreich, wenn ein Kampf gar nicht notwendig ist.* Unsere Bemühungen, die uns so real erscheinen, verbergen die einfache Tatsache, daß wir unserem Gewissen nur folgen, wenn wir wollen und uns entschlossen haben, ›das Rechte‹ zu tun. Im anderen Fall ist unser Streben nach Selbstkontrolle eine leere Geste, die nichts bewirken soll, als uns vor und nach bösen ›Handlungen‹ gut erscheinen zu lassen.«[44]
Der Gewissenskampf ist häufig ein Scheinkampf. Unser tapferer Widerstand gegen das Böse und gegen den Bösen ist verlogen. Die guten Vorsätze sollen einen heroischen Kampf widerspiegeln.

»Wir entwickeln Schuldgefühle, um die guten Absichten zu beweisen, die wir gar nicht haben«[45], schreibt Rudolf Dreikurs an gleicher Stelle.
Wer sich im Gewissen und im Glauben und der klaren Einstellung zu Christus für das Rechte und Wahre entschieden hat, muß keinen *Bürgerkrieg* führen. Der Kampf mit sich selbst wird überflüssig. Je rückhaltloser wir Christus vertrauen, desto weniger müssen wir kämpfen. Je versuchlicher wir sind, desto mehr haben wir dem Bösen, dem Feinde, einen Brückenkopf im Herzen ermöglicht.

Der Wille und die Abwehrmechanismen

Im zwischenmenschlichen Zusammenleben spielen die Abwehrmechanismen oder die Sicherungstendenzen eine große Rolle.
Es handelt sich um Abwehrmethoden, um Selbstbehauptungstaktiken, die es dem Menschen erlauben,
- sich zu schützen,
- sich vor Blamagen und Entblößungen zu verstecken,
- sich zu rechtfertigen und zu verteidigen,
- sich herauszureden.

Es sind beliebte Verhaltensmuster, die Christen und Nichtchristen bewußt oder unbewußt benutzen. Sie liefern uns perfekte Entschuldigungen und Ausreden.
Auf unser Thema bezogen: Es handelt sich um Selbstrechtfertigungen für unsere mangelnde Tatbereitschaft und unsere mangelnde Willenskraft.
- »Wenn ich die Kopfschmerzen nicht gehabt hätte, wäre meine Abschlußarbeit ausgezeichnet ausgefallen.«
- »Wenn das Klima am Arbeitsplatz nicht so deprimierend gewesen wäre, hätte ich sicher durchgehalten.«
- »Wenn mein Vater und meine Mutter mich stärker als Kind in die Verantwortung gestellt hätten, fiele es mir willensmäßig leichter, verantwortlich zu handeln.«

Alfred Adler nannte die Neurotiker *Nisiten*, abgeleitet von dem lateinischen Wort nisi = wenn nicht. Der geschwächte Wille wird entschuldigt und gerechtfertigt. Ein besonders gefährlicher Abwehrmechanismus ist die *Verdrängung*. Der Mensch unterläuft seine Willenskraft mit einer hilfreichen Abwehrmethode. Er schiebt Unangenehmes auf die Seite. Innerlich verschließt sich der Mensch, um seinen Willen nicht mobilisieren zu müssen.

Wie sieht das konkret aus?

- Ich kann *Termine verdrängen*, die mir auf der Seele liegen und mich belasten.
- Ich kann *Arbeiten verdrängen*, die mir unangenehm und lästig sind.
- Ich kann *Absprachen verdrängen*, weil ich Auseinandersetzungen befürchte.
- Ich kann *Leid verdrängen*, weil ich mich mit Schmerzen und Lebensproblemen nicht beschäftigen will.
- Ich kann *Konflikte verdrängen*, die dringend besprochen und gelöst werden müssen.

Alle Beispiele beinhalten, daß der Mensch willentlich allen belastenden und unangenehmen Aufgaben aus dem Wege geht, ja vor ihnen flüchtet.

Willensschwäche beinhaltet *Stärke* in der Verweigerung. Jeder Mensch entwickelt seine Abwehrmethoden, um seine Willensanstrengungen zu minimalisieren.

Die Verdrängung kann auch zu körperlichen Störungen führen, zu Organerkrankungen, weil ich zu willensschwach bin,

- Konflikte, die mein Herz bedrücken.
- Konflikte, die mir auf der Seele brennen.
- Konflikte, die mir auf dem Magen liegen, zu bereinigen und in Angriff zu nehmen.

Ich verdränge, bis die Organe schmerzen und schreien.

Willensschwäche ist eine starke Waffe

Faulheit und Willensschwäche scheinen ein Geschwisterpaar zu sein. Eltern, die über faule Kinder berichten, sprechen in der Regel auch über Willensschwäche.

- »Der Bengel hat keinen Funken Willenskraft in sich!«
- »Bernd ist einfach nicht stark genug, um sich zusammenzureißen.«
- »Unsere Tochter will ja mit der Faulheit fertig werden. Ab und zu nimmt sie einen Anlauf. Dann bricht die Willenskraft wieder zusammen!«
- »Gisela zeigt nicht den geringsten Mumm. Vor den lächerlichen Schularbeiten klappt sie zusammen wie ein Taschenmesser.«

Faulheit und Willensschwäche wohnen wie feindliche Untermieter in unserer Brust – gegen die wir machtlos zu sein scheinen.

Hans-Peter ist 12 Jahre alt, ein weicher, aber cleverer Junge. Er ist kein Rebell, er leistet keinen harten Widerstand gegen die Eltern, aber seine Faulheit ist »himmelschreiend«, wie der Vater sagt, der ein starker, entscheidungsfähiger Mann ist, der nicht viel redet, wenn er erzieht, sondern handelt.

»Wenn der nicht hören will, muß er fühlen!« sagt der Vater. »Wir mußten das früher auch. Nach dem letzten Zeugnis allerdings ist er am Ende. Vier Fünfen, der Junge ist sitzengeblieben. Der ist stinkefaul, und ich weiß, daß er es kann. Hans-Peter hatte in den ersten Grundschuljahren prima Zeugnisse. Er kann nach dem Abitur studieren. Ich mußte mir in Abendstunden alles hart erarbeiten. Mir wurde nichts geschenkt. Ich habe mich durchgebissen.«

Hans-Peter sitzt ohne Freizeit hinter dem Schreibtisch und muß arbeiten, um seine Lücken schließen. Der Vater ist unerbittlich. »Und wenn er nicht will, muß er eben sitzen, bis er fertig ist. Hans-Peter hat es in der Hand!«

Hans-Peter hat es tatsächlich in der Hand. Er bestimmt, was er will. Die Schule ist die Achillesferse des Vaters. Hans-Peter ist weich. Gegen den Vater kommt er weder mit dem Mund noch mit Opposition zum Zuge. Den Ehrgeiz des Vaters teilt er nicht. Gegen seine Strafen – Entziehung der Freizeit, Beschneidung der Fernsehzeit und unangenehme Hausarbeit – ist Hans-Peter machtlos. Nur mit der Schule kann er den Vater an der empfindlichsten Stelle treffen. Seine Faulheit wird zur Waffe, seine Willensschwäche zur Stärke. Faulheit ist in der Tat »Willensstärke«. Hans-Peter muß eine Reihe Unannehmlichkeiten in Kauf nehmen, um sich gegen den Vater durchzusetzen.

Was fördert die Lernbereitschaft? – Sechs Vorschläge für Eltern

Wir fragen:
Wie können Eltern den Motor zum Lernen ankurbeln? Was kann ein Kind bewegen, sich intensiver und willensstärker mit Schulaufgaben zu beschäftigen? Welche Gesichtspunkte helfen, den Widerstand zu verringern und die Freude am Arbeiten zu verstärken?

1. Lassen Sie das Kind mitentscheiden.
Strikte Anweisungen reizen zum Widerspruch. Besserwisserei der Eltern, beabsichtigte oder unbeabsichtigte, hemmt die Freude am Mitmachen. Positiv wirkt sich aus, wenn sich Eltern *mit* ihren Kindern über Übungsprogramme verständigen und die Zeiten, wann Schularbeiten erledigt werden müssen, *mit* den Kindern abstimmen. In dem Augenblick, wo Kinder mitreden, miturteilen und mitentscheiden können, verbessert sich das Lernklima und der Wille zum Arbeiten.

2. *Geben Sie Anleitung zum Selbstarbeiten.*
Die geschickte Anleitung zum *Selbstarbeiten, Selbstfinden* und *Selbstausführen* ist für die Lernbereitschaft des Kindes von Bedeutung. Untersuchungen haben ergeben, daß
– 80 % von dem, was einer *gehört* hat,

- 70 % von dem, was einer *gesehen* hat,
- 50 % von dem, was einer *gesehen* und *gehört* hat, und
- 10 % von dem, was einer selbst *ausgeführt* hat,

  vergessen werden.

Aufgaben, die das Kind mit eigener Kraft gelöst, und Probleme, in die es sich hineinvertieft hat, bleiben haften. Gelingt es den Eltern, Kinder zu bewegen, sich mit Neugierde und detektivischem Spürsinn an Aufgaben heranzumachen, ist der Lernerfolg am größten, aber auch die Chance, das Gelernte wirklich zu behalten.

3. Gestatten Sie, daß das Kind sich Aufgaben selbst stellt.

Statt auf Druck der Eltern Aufgaben zu wiederholen, kann das Kind sich eigene Teilziele und Fristen setzen. Es nimmt sich beispielsweise vor, bis zu einem bestimmten Zeitpunkt ein Kapitel zu beherrschen, sich eine Anzahl Vokabeln anzueignen. Wie oft haben Eltern hohe Ziele vor Augen, die das Kind ablehnt und die die Initiative lähmen. Selbstgewählte Etappenziele geben dem Kind Richtlinien und sind – wenn sie erreicht werden – Erfolgserlebnisse. Und Erfolgserlebnisse stacheln erneut die Lernbereitschaft an.

4. Nur glückliche Kinder können sich geistig entfalten.

Begabung ist oft eine Frage des individuellen Glücks, der Zufriedenheit und des seelischen Wohlbefindens. Seelischer Druck und Unzufriedenheit blockieren die Willenskraft. Ehezerwürfnisse, schwere Krankheiten der Angehörigen, Tod von Familienmitgliedern und anhaltende Berufssorgen der Eltern können das Lernklima verschlechtern und das Interesse am Unterricht blockieren. Die Kinder sind unkonzentriert und abgelenkt. Haben Sie einmal ernsthaft darüber nachgedacht, wie Sie das seelische Wohlbefinden Ihres Kindes verbessern können? Geben Sie dem Kind die Möglichkeit, sich auszusprechen? Können Sie warten, wenn das Kind den Zeitpunkt für Gespräche für verfehlt hält? Haben Sie die Geduld, noch länger am Bettrand Ihres Kindes auszuhalten, wenn Sie spüren, daß es noch etwas loswerden möchte? Nehmen Sie den Kummer ernst, den Sie beim Kind vermuten? Ertappen Sie sich dabei, daß Sie Probleme Ihres Kindes verharmlosen? Gehen Sie bitte nicht von sich aus, wenn Sie Probleme und Schwierigkeiten Ihres Kindes aufgreifen. Ihr Maßstab ist nicht der Maßstab Ihres Kindes! Was Sie für belanglos halten, nimmt unter Umständen Ihr Kind sehr ernst.

5. Beachten Sie das Lerntempo des Kindes.
Jedes Kind hat sein eigenes *Lerntempo*. Auch wir Erwachsenen sind verschieden schnell. Es gibt langsame und schnelle, es gibt oberflächliche und sehr gewissenhafte Kinder. Gewissenhaftigkeit hat viele Vorteile, kann aber den Menschen hindern, zügig zu arbeiten. Beispielsweise verliert er bei schriftlichen Arbeiten die Zeit aus dem Auge. Er verrennt sich in Einzelheiten, nimmt Kleinigkeiten zu wichtig und schafft das vorgeschriebene Pensum nicht. Andere Kinder trödeln gern, schaffen schwer den Anfang und kommen nur langsam in Fahrt. Respektieren Sie gewisse Eigenarten, bejahen Sie das Eigentempo, und verhelfen Sie so dem Kind zu einem guten Selbstverständnis. Ständige Kritik am Tempo muß den Selbstwert untergraben. Das Kind verwechselt dann Langsamkeit mit Dummheit. Wir wissen auch, daß verschiedene Typen – lange, hagere, schmächtige beispielsweise – ein anderes Tempo an den Tag legen als korpulente, vollschlanke und behäbige Menschen. Schon das Temperament ist von Mensch zu Mensch verschieden. Aber das gilt allgemein: Kritiksucht, Druck, Angst und Überforderung können das Tempo erheblich hemmen. Die Lernleistung ist am höchsten, wenn jeder Schüler in dem ihm gemäßen Tempo lernt. Die Willenskraft wird stabilisiert, wenn wir dem Kind sein Tempo gönnen.

6. Geben Sie sofort eine Erfolgsbestätigung.
Eine sofortige *Erfolgsbestätigung* ist eine Lernverstärkung. Hans gilt in der Familie als Faulpelz. Zwischen Vater und Sohn herrscht daher ständige Krisenstimmung. Hans hat das ganze

Wochenende dazu benutzt, sein Physikheft zu überholen. Hans steht in Physik mangelhaft. Der Lehrer hat aber dem Kind versprochen, die Note anzuheben, wenn es durch Zeichnungen und Ausarbeitungen sich mit bestimmten Themen auseinandersetzt. Stolz zeigt Hans dem Vater die Mappe: »Das ganze Wochenende habe ich an der Mappe gesessen. Ich hoffe bestimmt, ich bekomme noch ausreichend.« Der Vater: »›Zusammenfallen‹ wird in einem Wort geschrieben. Die deutsche Sprache ist für dich immer noch eine Fremdsprache!« Das ist keine Erfolgsbestätigung, das ist massive Kritik. Das ist keine Lernverstärkung, sondern mit Sicherheit eine Lernminderung. Solche gutgemeinte Kritik – der Vater hat es sicher gut gemeint – untergräbt den Selbstwert, mindert die Arbeitsfreude. Fast immer läßt sich an einer Arbeit *etwas* Positives entdecken. Greifen wir das Positive auf und nicht das Negative! Können wir es eintrainieren, das Liebenswerte zu verstärken und das Kritische zu übersehen? Das weniger Gelungene kennt das Kind genau. Wir wollen die Minuspunkte nicht unterstreichen, wir wollen den Erfolg bestätigen. Wir verstärken damit die Lernwilligkeit des Kindes.

Zitate über den Willen

»Die Willenskraft des Schwachen heißt Eigensinn.«
Marie von Ebner-Eschenbach

»Ich suche nicht meinen Willen, sondern des Vaters Willen, der mich gesandt hat.«
Johannes 5, 30

»Im übrigen hat er gegenüber Gott oder in den Dingen, welche Seligkeit oder Verdammnis angehen, keinen freien Willen, sondern ist gefangen, unterworfen, verknechtet – entweder dem Willen Gottes oder dem Willen Satans.«
Martin Luther

»So ist der menschliche Wille ... wie ein Lasttier. Wenn Gott darauf sitzt, will er und geht er, wohin Gott will ... Wenn der Satan darauf sitzt, will er und geht er, wohin Satan will. Und es liegt nicht in seiner freien Wahl, zu einem von den beiden Reitern zu laufen und ihn zu suchen, sondern die Reiter selbst kämpfen darum, ihn festzuhalten und in Besitz zu nehmen.«
Martin Luther

»Laßt euch eine neue Gesinnung schenken, dann könnt ihr erkennen, was Gott von euch will. Ihr wißt dann, was gut und vollkommen ist und was Gott gefällt.«
Römer 12, 2

»Wie können wir für unsere Gedanken, Tendenzen und Entscheidungen verantwortlich sein, wenn wir sie gar nicht kennen? Das scheint ein Hauptargument gegen die Annahme der Willensfreiheit zu sein ... Die Einführung des Wortes ›unbewußt‹ in den Wortschatz ist tatsächlich – und voll bewußt – zu dem Zweck unternommen worden, den Menschen von seiner Verantwortlichkeit zu befreien.«
Rudolf Dreikurs

Denkanstöße

Was können wir tun? Wie können wir der Willensschwäche entgehen? Wie können wir Willensstärke aufbauen? Welche Hilfen gibt es, unsere Willenskraft zu fördern? Welche Möglichkeiten haben besonders wir Christen?

Denkanstoß Nr. 1: Ich entscheide mich für etwas oder gegen etwas.

Die Frankl-Schülerin und Leiterin eines Institutes für Logotherapie, Elisabeth Lukas, schreibt in einem ihrer Bücher über diese Entscheidungsfähigkeit: »Dieser Herausforderung zu begegnen, half mir ein Gedanke von Viktor Frankl, den ich oft an Ratsuchende weitergebe, wenn sie Zwiesprache halten müssen mit ihren eigenen Ängsten und Schwächen. Er lautet: ›Es gibt etwas, das ihr mir nicht nehmen könnt: Meine Freiheit – zu wählen, wie ich auf das, was ihr mir antut, reagiere!‹ Wann immer Hoffnungslosigkeit, Selbsthaß und Ekelgefühl die Patienten überkam, antwortete sie ihnen mit den zitierten Worten, und siehe da, die negativen Gefühle verloren jede Macht über sie.«[46]

Wir haben es in der Hand, uns für oder gegen etwas zu entscheiden. Sofort nach der Vertreibung aus dem Paradies macht unser Herr dem Kain das deutlich. Unmißverständlich sagt er zu ihm: »Warum wirst du zornig? Warum brütest du vor dich hin? Wenn du Gutes im Sinn hast, kannst du den Kopf frei erheben; aber wenn du Böses planst, lauert die Sünde vor der Tür deines Herzens und will dich verschlingen. Du mußt Herr über sie sein!« (1. Mose 4, 6–7)

Planen wir Gutes oder Böses? Welche Gedanken lassen uns freien Lauf? Meine Gedanken bestimmen meine Gefühle und meine Haltung. Mörderische Gedanken rufen mörderische Gefühle hervor. Da wir Menschen eine Einheit sind, spiegelt selbst unser Gesichtsausdruck und die Kopfhaltung unser Innenleben wider. Kain kann seinen Kopf nicht frei erheben. Das schlechte Gewissen hält den Kopf gesenkt. Kain hat die Stimme Gottes gehört und in den Wind geschlagen. Kain hat sich für Mord entschieden. Nicht der Aggressionstrieb und nicht ein schwacher, untrainierter Wille haben seine Gesinnung blockiert, sondern der *Wille*, den Bruder umzubringen.

Denkanstoß Nr. 2:
Willensbildung in der Kleinkinderziehung.

Schon das Kleinkind hat ein Wissen, daß es Trotz, Widerstand und Aggression äußern kann. Dieser Wille muß während der Erziehung wachsen, reifen und sich immer neu ausrichten.
Worauf kommt es an?
... daß das Kind ein Zugehörigkeitsgefühl bekommt.
Kinder, die dazugehören, die ein Zuhause haben und sich geborgen fühlen, gehen in der Regel mutig und gestärkt in die Welt hinein. Fühlen sich Kinder ungeborgen, heimatlos, im Stich gelassen und nicht akzeptiert, treten sie entmutigt und willensschwach in die Welt hinein. Sie fühlen sich nicht gehalten und getragen und in ihren Willensäußerungen nicht bestärkt. Woher soll der Lebensmut kommen, wenn dem Kind kein Lebensmut vermittelt wurde? Woher soll die Willenskraft kommen, wenn die Willensäußerungen des Kindes nicht unterstützt und verstärkt wurden?
Es kommt weiter darauf an,
... daß das Kind in seinem Denken und Handeln bestätigt wird.
Stellen Sie sich vor, Sie sind von klein auf kritisiert worden. Was Sie machten, war falsch, was Sie dachten, war nicht gut, und was Sie planten, war fehlerhaft. Ständig hatten Sie das Gefühl, nicht zu genügen, nicht fleißig, nicht ehrgeizig, nicht gründlich und nicht eifrig genug zu sein. Alle anderen waren schneller, intelligenter, attraktiver und ehrgeiziger. Können Sie sich vorstellen, daß aus Ihnen ein willensstarker, zupackender und lebenstüchtiger Mensch geworden wäre?
Deutlich wird, was ein Kind braucht: Bestätigung in seinem Spiel, Ermutigung für Spielideen, für Mithilfe und für neue Aufgaben, Anerkennung für Geleistetes und Lob für Gelungenes. Das Kind fühlt sich akzeptiert und bestätigt. Seine Willenskraft, das Leben zu meistern, wurde verstärkt.

Hinter unseren Masken …

Vom richtigen Umgang mit Lebenslügen

Ein orientalischer Kaufmann besaß einen Papagei. Eines Tages stieß der Vogel eine Ölflasche um. Der Kaufmann geriet in Zorn und schlug den Papagei mit einem Prügel auf den Hinterkopf. Seit dieser Zeit konnte der Papagei, der sich vorher sehr intelligent gezeigt hatte, nicht mehr sprechen. Er verlor die Federn auf dem Schädel und wurde bald ein Kahlkopf. Eines Tages, als er auf dem Regal im Geschäft seines Herrn saß, betrat ein glatzköpfiger Kunde den Laden. Sein Anblick versetzte den Papagei in höchste Erregung. Flügelschlagend sprang er umher, krächzte und fand schließlich zur Überraschung aller seine Sprache wieder: »Hast du auch die Ölflasche heruntergeworfen und einen Schlag auf den Hinterkopf bekommen, so daß du nun auch keine Haare mehr hast?«

Diese kleine Geschichte fand ich in dem Buch eines Psychotherapeuten.[47] Welche Wahrheiten stecken darin?
- Wir Menschen projizieren – wie der Papagei – unsere Erfahrungen auf andere.
- Wir neigen zu problematischen Verallgemeinerungen.
- Wir machen Unterstellungen.
- Wir arbeiten mit Vorurteilen.
- Wir halten unsere Erklärungen und Deutungen für richtig.

Vielleicht lachen wir über den »dummen Papagei«, und doch stecken wir alle in der Gefahr,
- Erlebnisse, die wir registrierten,
- Erfahrungen, die wir machten,

– Begegnungen, die bestimmte Emotionen in uns auslösten, subjektiv zu deuten und objektiv zu verfälschen. Unter der Hand werden diese subjektiven Deutungen zu Selbsttäuschungen und damit zu *Lebenslügen*.
Es ist eine unumstößliche Wahrheit, daß Christen und Nichtchristen Lebenslügen produzieren. Sie werden von uns gut begründet und verstecken sich hinter für wahr gehaltenen Überzeugungen.
– Lebenslügen sind gefährlicher als bewußte Lügen.
– Lebenslügen sind heimtückischer als bewußte Lügen.

Das Biest in uns

Der amerikanische Pastor James Bryan Smith, Mitarbeiter und Begründer einer christlichen Erneuerungsbewegung mit dem Namen »Renovaré«, hat einen lesenswerten Aufsatz geschrieben mit dem Titel »Das Biest in uns«. Untertitel: »Warum wir uns so gern hinter einer frommen Fassade verstecken«. Wörtlich heißt es bei ihm: »In Wirklichkeit sind Sie und ich in einem katastrophalen Zustand. Hinter unseren Masken verbirgt sich nicht unsere Schönheit, sondern ein zusammengeflicktes Ego, das lieber lügt als die Wahrheit sagt, lieber nimmt als gibt, lieber niederreißt als aufbaut. ... Wenn ich mich selbst mit schonungsloser Ehrlichkeit im Spiegel betrachte, dann sehe ich, daß ich fähig bin zu lügen und zu betrügen, zu stehlen, andere zu mißbrauchen und Menschen zu hassen, die mehr besitzen als ich. Das fällt mir gar nicht schwer und kommt andauernd vor. Stolz, Neid, Zorn, Faulheit und Gier sind Gefühle, die mir in keiner Weise fremd sind. Andererseits bin ich auch fähig, für jemanden ein selbstloses Opfer zu bringen, ohne das an die große Glocke zu hängen. Ich kann die Wahrheit sagen, mich anständig verhalten und für Gerechtigkeit eintreten.«[48]
Wie kommt es, daß wir Christen uns – von den Menschen ohne Gott wollen wir nicht sprechen – so unehrlich und selbstbetrü-

gerisch aufführen? Wozu verstecken wir uns hinter einer »frommen Fassade«? Wozu machen wir uns gegenseitig etwas vor? Wozu übertünchen wir unser Image mit einem geistlich getarnten Make-up? Mir geht es um Lebenslügen, die wir Christen produzieren, an die wir offensichtlich glauben. Was sind die verstandenen und unverstandenen Motive für diese Selbsttäuschungen und Selbstbetrügereien? Es sind Verhaltensmuster, die aus dem Lebensstil eines Menschen erklärt werden können.

Was ist der Lebensstil?

Der Lebensstil beinhaltet meine Hauptlebensüberzeugungen. Er beinhaltet
- meine private Weltanschauung,
- meine subjektive Art zu denken,
- meine subjektive Art zu fühlen,
- meine subjektive Art zu handeln,
- meine persönliche Art zu lieben,
- meine persönliche Art zu kommunizieren,
- meine persönliche Art zu arbeiten,
- meine persönliche Art zu glauben.

Pessimismus, Optimismus, Aktivität oder Passivität, Harmoniesucht, Grübelzwang und Willensschwäche, *alles* spiegelt mein Lebensstil wider. Er offenbart auch
- Lebensirrtümer,
- irrationale Überzeugungen,
- Vorurteile,
- eingebildete Ängste und damit Lebenslügen aller Art.

Jeder von uns hat einen Lebensstil, der positive und konstruktive Lebenseinstellungsmuster enthält. Er verrät aber auch negative und destruktive Überzeugungen. Der Lebensstil beinhaltet die Summe meiner Lebensgrundüberzeugungen, die wir uns angewöhnt und zugelegt haben. Der Lebensstil verkörpert meine »Brille«, die ich aufhabe, und durch die ich das

Leben, die Welt, Gott und die Bibel betrachte. Die »Brille« beinhaltet meine Sichtweisen, meine Vorurteile, meine optimistische, pessimistische, reale oder völlig verzerrte Blickweise. Jeder Mensch hat einen Lebensstil, in dem auch bestimmte Lebenslügen Platz haben.

Was sind Lebenslügen?

In einem Vorwort zu dem lesenswerten Buch von Chris Thurman »Lügen, die wir glauben«, heißt es: »Gibt es wirklich Lügen, die wir glauben? Mit Sicherheit! Auf verstandesmäßiger und mehr noch auf gefühlsmäßiger Ebene kämpfen wir alle mit Lügen, und unsere Reaktionen auf sie können durchaus zwischen Glück oder Trauer, Gelassenheit oder Sorge und geistiger Gesundheit oder geistiger Störung entscheiden.«[49]
Wie kennzeichnen wir Lebenslügen?

- Es sind *Überzeugungen*, die nicht mit der Wirklichkeit übereinstimmen.
- Es sind *Erwartungen*, die völlig irreal und unrealistisch sind.
- Es handelt sich um *Vorurteile*, die wir uns schon als Kinder und Heranwachsende zu eigen gemacht haben.
- Es sind *Selbsttäuschungen*, die wir uns aus bestimmten Gründen angeeignet haben.
- Es sind *Lebensirrtümer*, die wir hartnäckig für wahr halten.
- Es sind *Abwehrmethoden*, um uns zu schützen, uns nicht zu blamieren und nicht entblößt zu werden.

Verwöhnen und Überbeschützen machen verantwortungslos

Ein Beispiel aus der Beratungspraxis soll diese Lebenslügen verdeutlichen. Da ist ein Mann, der von seiner Frau in die Beratung geschickt wird. Sein Problem lautet: »Ich bin ein chronischer Zweifler. Ich mißtraue allem und allen. Meine Frau fühlt sich völlig überlastet, weil sie glaubt, alle Verantwortung allein tragen zu müssen.«

Das Beratungsgespräch enthüllt folgende Einzelheiten:

- Herr X ist das vierte Kind seiner Eltern. Ein Nachkömmling. Der Bruder über ihm ist 10 Jahre älter. Die Eltern waren glücklich über dieses Kind.
- Allerdings packten sie das Nesthäkchen in Watte, verwöhnten und überbeschützten es.

Der Junge und spätere Mann wurde unselbständig, ein richtiges Muttersöhnchen, entscheidungsschwach, mißtrauisch und zweifelnd.

- Er heiratet eine acht Jahre ältere Frau, die – wie die Mutter – alle Entscheidungen trifft, alle Probleme löst und alle Zweifel an irgendwelchen Dingen beseitigt.
- Er hat selbstverständlich keinen großen Leidensdruck. Allein wäre er nicht in die Beratung gekommen. Es leuchtet ein, daß er es schwer hat, seine Frau zu verstehen, die unter seiner Verantwortungslosigkeit leidet.

Was zeigt dieses kleine, auf das Wesentliche konzentrierte Beratungsbeispiel?

1. Der 42jährige Mann ist ein chronischer Zweifler, der fest glaubt, daß ihn Gott so geschaffen hat. Er ist überzeugt, daß er diese Schwäche aus Gottes Hand nehmen muß. Was Gott zugelassen hat, muß der Mensch nicht ändern. Die Lebenslüge ist erkennbar. Die Schuld an seinem Sosein schiebt er Gott in die Schuhe.
2. Auch seine Eltern hätten als vernünftige und erwachsene Menschen erkennen müssen, daß sie ihm nicht alle Entscheidungen und Überlegungen für große und kleine Lebensaufgaben abnehmen durften. Auch sie tragen die Verantwortung für seine Lebensuntüchtigkeit. Er vergißt, daß er bis zum 32. Lebensjahr im Hause der Eltern diese Fürsorge und Überbeschützung gern akzeptiert hat. Er widersprach nicht und fühlte sich pudelwohl im »Hotel Mama«. Sämtliche Schwierigkeiten wurden besonders von

der Mutter ausgeräumt. Als er selbst das Leben zu verantworten hatte, versagte er.

3. Seinen Eltern macht er heute als erwachsener Mann die schlimmsten Vorwürfe, daß sie ihn nicht zur Mündigkeit und Selbstverantwortung im Leben erzogen haben. Der Bruch mit dem Elternhaus ist perfekt. Die Eltern leiden und verstehen die Welt nicht mehr. Seine Lebensuntüchtigkeit haben Gott und die Eltern verursacht. Die Lebenslügen werden überdeutlich.
4. Er hat unverstanden und doch gezielt eine ältere Frau geheiratet, die übergangslos die Rolle der Mutter übernahm. Auch seiner Ehefrau steht er verständnislos gegenüber, die sich beschwert, weil sie alle Verantwortung allein tragen muß.
5. Seine Frau, die älteste von drei Geschwistern, hat auch das Führen in der Ursprungsfamilie gelernt, hatte als Vizemutter ihre jüngeren Brüder wunderbar versorgt, konnte für andere planen, für andere entscheiden und liebte es, Schwierigkeiten kommentarlos beiseitezufegen. In dieser Rolle geübt lernte sie den (entscheidungsschwachen) Mann ihres Lebens kennen. Verliebt griff sie zu und half entscheidungsstark bei der Eheschließung nach.
6. In der Seelsorge und Beratung dauerte es lange, bis der Mann seine Argumentation aufgab und sich vom Heiligen Geist überführen ließ. Seine Argumentation lautete: »Wenn ich alles aus Gottes Hand nehmen muß, und das ist gut biblisch, dann muß ich auch mich so annehmen, wie ich bin. Ich kann nicht aus meiner Haut.« Es war ein Geschenk Gottes, daß er die Selbstrechtfertigung aufgab, sich vor der Verantwortung in der Ehe, vor einer Gesinnungsänderung (Römer 12, 2) und vor einer Lebenskorrektur zu drücken. Die Veränderungen gingen in kleinen Schritten vorwärts. Es gab viele Rückfälle, ehe er die Lebenslügen *einsah* und *aufgab*. Beide Schritte gehören für uns Christen fest zusammen.

Lebenslügen kennzeichnen die dunkle Seite unseres Lebens

Der Franziskanerpater Richard Rohr, der viele lesenswerte Bücher geschrieben hat, die uns Christen viel zu sagen haben, hat uns eine ausführliche Beschreibung des Enneagramms, den neun Gesichtern der Seele, beschert. An einer Stelle schreibt er über Lebenslügen:

»Als ich selbst das Enneagramm 1970 kennenlernte, war das eins der drei großen Bekehrungserlebnisse meines Lebens. Ich konnte buchstäblich miterleben, wie ein Schleier fiel und mir mit einem Schlag klar wurde: Ich hatte immer das *Richtige* gemacht (das ist für uns EINSER ein Hauptanliegen) – aber aus *falschen* Beweggründen. ... Ich erinnere nochmals daran, daß es meine Absicht ist, das Ego zu demaskieren und auf seine dunklen Stellen zu deuten; das Enneagramm deckt die Spiele auf, in die wir verstrickt sind. ... Ich hoffe, daß alle, die ihrer ›dunklen Seite‹ oder ›Wurzelsünde‹ ins Auge sehen, etwas von der Freiheit erleben, die ich erlebt habe. Weil ich mich meiner Lebenslüge stellen mußte, meiner Absurdität, meiner Lächerlichkeit, kann ich dasselbe auch *anderen* zumuten. Ich habe *meine* dunkle Seite, und andere haben *ihre*.«[50]

In der Tat:

– Wir *glauben*, das Richtige zu tun.
– Wir *glauben* an unsere Überzeugungen.
– Wir *glauben*, seinen Willen zu tun.

Und wir sitzen einer Lebenslüge auf. Wir biegen die Wahrheit der Bibel so zurecht, daß sie uns paßt.

Rohr nennt das so:

»Wir brauchen eine Hilfestellung, um unser falsches Selbst zu entlarven und uns von unseren Illusionen zu distanzieren ... Er (Gott) hilft uns, Moralismus von wirklicher Moral zu unterscheiden, Schuldgefühle von wirklicher Schuld, falschen Stolz von echter Stärke.«[51]

Wir müssen unseren vorgefertigten Schlußfolgerungen und unseren Vorurteilen auf die Schliche kommen. Wir alle sind

Ideologen: Wir reden von Rechten und Linken, von Konservativen und Liberalen, von Roten und Grünen, von Gläubigen und Ungläubigen. Wir bilden uns diese Urteile ein. Wir sind von ihrer Richtigkeit überzeugt. Es stimmt, wir alle gehen in Fallen, verschönen unsere Leidenschaften, rechtfertigen unsere Abwehrmechanismen und verharmlosen unsere Sünden. Erkennen wir die »dunkle Seite« unseres Lebens?

Lügen, die unser Leben beherrschen

Lebenslügen sind Verhaltensmuster, die wir gern vor unserem Bewußtsein und vor dem lebendigen Gott verstecken. Wir benutzen sie als hilfreiche Bewältigungsstrategien im Alltagsleben.

Auch Christen haben große Mühe zuzugeben, daß diese Selbstschutzmaßnahmen Lebenslügen sind, die sie *theoretisch* gern geändert hätten, ohne die sie *praktisch* aber nicht leben können und wollen.

Schauen wir uns einige Muster an:

- Der *Abhängige* hat sich angewöhnt, Probleme und Schwierigkeiten im Alkohol zu ertränken und mit Tabletten zu betäuben. Wie sagte Wilhelm Busch, der Humorist: »Wer Sorgen hat, hat auch Likör.« Der Abhängige glaubt, Tabletten und Alkohol würden ihm helfen, dem Lebensstreß gewachsen zu sein.
- Der *Angstkranke* hat sich angewöhnt, mit extremer Angst vor der Front des Lebens wegzulaufen. Er schließt sich ein und läßt das Leben vor der Tür. Vielleicht benutzt er seine Angst, damit andere ihm helfen und beistehen müssen. Mit seiner Angst steht er im Mittelpunkt.
- Der *Zwangsgestörte* hat das unbestimmte Gefühl, er sei schmutzig. Ungefähr 50mal muß er sich am Tage die Hände waschen. Er muß scheuern, bis die Haut an allen Stellen wund und verletzt ist. Er duscht oft einige Stunden lang und hat das Gefühl, immer noch schmutzig zu sein.

- Der *krankhaft Ehrgeizige* hat sich angewöhnt, mit übertriebener Gewissenhaftigkeit, mit Übermoral und mit Pedanterie menschlich und geistlich erfolgreich zu sein. Nur wenn er mehr leistet als andere, glaubt er, seinen mangelhaften Selbstwert aufzubessern. Im Neuen Testament erscheint das Wort in vielen Übersetzungen. Von Selbstsucht, Eitelkeit, Hochmut, Rechthaberei, von unehrlicher und eigennütziger Absicht ist die Rede. Ehrgeiz ist ein ungeistliches Verhalten. Der englische Theologe W. Barclay schreibt sogar:
  »*Eritheia* ist ein Wort, dessen Bedeutung degenerierte, und die Geschichte dieser Entartung ist in sich ein erschreckendes Abbild der menschlichen Natur. Im Neuen Testament wird es siebenmal gebraucht, und jedesmal bezeichnet es einen Fehler, der die Arbeit der Gemeinde ruiniert...«[52]
- Der *Perfektionist* hat sich angewöhnt, nur mit 120 Prozenttigkeit leben zu können. Perfektionismus ist eine Zielverfehlung, eine Sucht, alles mit einem Grad der Vollkommenheit anzustreben. Perfektionismus ist eine Selbstwertstörung. Der betreffende Mensch hält sich nicht für gut genug. Perfektionismus ist die Sucht, fehlerfrei zu sein. Perfektionisten können sich Sünden nicht vergeben, die Gott ihnen längst vergeben hat. Perfektionisten streben unerreichbare Ziele an, das ist ihr Problem. Sie messen ihren Wert ausschließlich an ihrer Leistung und ihrer Produktivität.

Der amerikanische Theologe und Psychiater Paul Meier schreibt:

»Wer kennt nicht den Spruch ›Nobody is perfect!‹. Aber wie viele dahergesagte Worte trifft er den Nagel auf den Kopf. Es gibt immer wieder Christen, die weisen auf Jesu Worte in der Bergpredigt hin, die er seinen Anhängern sagt: ›Ihr sollt vollkommen sein, wie euer himmlischer Vater vollkommen ist.‹ Das griechische Wort im Grundtext, das fast immer mit ›vollkommen‹ übersetzt wird, lautet *teleios* (von *telos* = Ziel, Ende). Es steht also gar nicht die Makel- oder Fehlerlosigkeit im Vordergrund. Man sollte eher ›reif‹ oder ›vollendet‹ sagen.

Dann würde dies in heutiger Sprache vielleicht so klingen: ›Werdet reif, und werdet so, wie Gott euch geplant hat. Werdet frei von Egoismus und Masochismus, von unterdrückter Wut und Depression, und füllt den Raum aus, der euch zugedacht war, als ihr erschaffen wurdet.‹«[53]

– Die *Pubertätsmagersüchtige* glaubt, sie sei zu dick, sie fühlt sich vollgestopft. Sie hat das Gefühl zu platzen. Sie muß hungern und abnehmen. Vielleicht wehrt sie sich auch, eine Frau zu werden. Den Appetit am Leben hat sie verloren. Oft nimmt sie sich das Leben, weil sie das Leben – so wie sie es sieht – satt hat. Etwa zehn Prozent aller Magersüchtigen hungern sich zu Tode.

Die Liste dieser Lebenslügen ließe sich ohne Schwierigkeiten erweitern. Wir Menschen – auch wir Christen – halten verrückte, unerreichbare, irreale und der biblischen Botschaft widerstrebende Ziele für richtig.

Unser Gehirn hat viele Lebenslügen gespeichert

Im Umgang mit Eltern, Großeltern und Geschwistern haben wir Botschaften gespeichert, die wahr und lebensfördernd sind. Und wir haben Überzeugungen und Voruteile gespeichert, die schädlich und destruktiv sind, die seelisch zermürben, den Organismus beeinträchtigen und das Zusammenleben zerstören. Der schon zitierte amerikanische Psychiater Chris Thurman, der in einer der größten psychiatrischen Kliniken der Welt tätig ist, beschreibt in einem seiner Bücher dieses Phänomen so:

»Ihr Gehirn läßt sich mit einem Kassettenrecorder vergleichen. Es kann sowohl Botschaften aufnehmen als auch wiedergeben, und es hat Zugang zu einer persönlichen Bibliothek von Tausenden von Kassetten, die jederzeit abgespielt werden können. Diese Kassetten enthalten alle Überzeugungen, Einstellungen und Erwartungen, die Sie während Ihres Lebens aufgenommen haben.

Manche dieser Kassetten in Ihrem Gehirn enthalten die Wahrheit, wie etwa ›Man kann es nicht allen recht machen‹ oder ›Das Leben ist hart‹. Andere dagegen enthalten Lügen wie ›Ich bin nur soviel wert wie meine Leistung‹, ›Das Leben sollte fair sein‹ oder ›Alles muß nach meinem Willen laufen, damit ich glücklich sein kann‹. Viele Ihrer Lügenkassetten sind schon lange vorhanden, manche sogar seit Ihrer Kindheit. Sie haben sich diese Bänder so lange angehört, daß sie mittlerweile wahr klingen, obwohl sie Lügen sind. Je öfter eine Kassette abgespielt wurde, desto fester glauben Sie daran, daß sie die Wahrheit enthält. Viele Lügenkassetten werden in Ihrem Geist abgespielt, ohne daß Sie es bemerken. Sie spielen im Unterbewußtsein, sobald das Leben auf die Play-Taste drückt. Unbewußt oder nicht – diese Kassetten beeinflussen jeden Tag auf dramatische Weise Ihre Gefühle und Ihr Handeln. Unwissenheit ist kein Segen, wenn es um diese Kassetten geht. Solange sie nicht ins Bewußtsein gebracht werden, sind Sie ihnen gnadenlos ausgeliefert.«[54]

Deutlich wird:

- Wir alle haben Wahrheit und Lügen wie auf Kassetten im Gehirn gespeichert.
- Diese Botschaften haben wir tausendmal abgespielt, und sie sind uns in Fleisch und Blut übergegangen. Häufig sind wir von Vorurteilen überzeugt, die in Wirklichkeit irrationale Überzeugungen beinhalten.
- Wir haben bestimmte Lebenslügen verinnerlicht, wir alle können sie gezielt verändern und im Gehirn löschen. Niemand muß sein Leben lang irrigen Botschaften gehorchen und ihnen nachlaufen.
- Unsere Gedanken sind die Wurzeln unseres Handelns. Wenn wir die Gedanken verändern, korrigieren wir automatisch unser Tun und Lassen.

Die »tendenziöse Apperzeption« als Lebenslüge

In der Psychologie gibt es einen Begriff, der die Lebenslügen präzise formuliert. Der Begriff heißt »tendenziöse Apperzeption« und beinhaltet, salopp formuliert,

- die »bunte Brille«, die darin besteht, daß jeder Mensch nur diejenigen Sinneseindrücke in sich aufnimmt, die zu seinen Zwecken und Zielen in Beziehung stehen;
- die subjektive Wahrnehmung im Sinne des Lebensstils, daß der Mensch sieht, was er sehen will, daß er hört, was er hören will, daß er wahrnimmt, was er wahrnehmen will.

Beinhaltet die tendenziöse Apperzeption Optimismus, dann sieht der Mensch alles rosig. Dann ist er vertrauensselig, glaubt allen möglichen Versprechungen und traut sich viel zu. Er wagt mehr als andere und riskiert Abenteuerliches.

Ist die tendenziöse Apperzeption durch Pessimismus gekennzeichnet, sieht der Mensch alles schwarz. Seine Befürchtungen sind grenzenlos. Er hört das Gras wachsen und sieht hinter jedem Busch einen Räuber.

Weder der Optimist noch der Pessimist ist mit einigen Erklärungen von seinem Weltbild und seiner Schau des Lebens abzubringen.

- Beide finden Beispiele für ihr unseliges Vorurteil.
- Beide finden ihre subjektive Wahrnehmung bestätigt.
- Beide setzen ihre »bunte Brille« nur widerstrebend ab.

Lebensstil und Lebenslügen sind nahtlos miteinander verknüpft. Unser Gewordensein, unser Lebensstil mit seinen positiven und negativen Denk-, Fühl- und Verhaltensmustern ist auch ein Spiegelbild unserer subjektiven Wahrnehmungen.

Jeder von uns pflegt und füttert Lebensgrundirrtümer. Jeder von uns erliegt immer wieder kleinen und großen Selbsttäuschungen. Jeder von uns begegnet Menschen und Situationen, die er schief und verhängnisvoll einordnet. Unsere Alltagssprache drückt es wesentlich unkomplizierter aus. Das Sprichwort lautet: Irren ist menschlich. Entscheidend ist, daß wir diese menschlichen Irrtümer respektieren. Beharren wir auf

unserer Wahrnehmung, werden wir zu Gefangenen unserer Lebenslügen.
Der *Ängstliche* macht in seiner Wahrnehmung aus Ameisen Raubtiere, der *Held* macht aus gefährlichen Feinden Mini-Gegner, der *Kleingläubige* kommt aus seinem Schneckenhaus nicht mehr heraus, der *Mutige* hat den Berg schon erklommen, bevor er losmarschiert ist. Lebenslügen, wohin wir schauen.

Lebenslügen, die den Erfolg zunichte machen

Der katholische Pallotinerpriester und Psychotherapeut Dr. Jörg Müller beschreibt in einem seiner Bücher, wie Erfolge durch Lebenslügen blockiert werden. Er berichtet von einem Betriebspsychologen, der einem Vorgesetzten von 25 Arbeitern mitteilte, daß drei seiner Untergebenen im Hinblick auf eine bestimmte Tätigkeit besondere Qualität besäßen. Die drei Personen waren willkürlich von dem Betriebspsychologen ausgewählt worden. Keiner der drei war besser als die anderen. Die Arbeiter wußten auch nichts von ihrer Wahl durch den Psychologen und wußten auch nicht, daß ihr Vorgesetzter darüber informiert worden war. Der Vorgesetzte behandelte jetzt alle drei Arbeiter mit einem besonderen Augenmerk und vor allem mit einer gewissen positiven Erwartungshaltung. Diese Erwartungshaltung steigerte die Arbeitsleistung der drei Ausgewählten enorm. Schon nach drei Wochen waren sie auffallend besser als die übrigen 22 Mitarbeiter.[55]
Dieses Beispiel zeigt, daß positive Erwartungen und positive Gedanken Leistung, Stimmung und Arbeitsmoral steigern. Leider stimmt auch das Gegenteil. Negative Gedanken, Befürchtungen und negative Erwartungen lähmen und blockieren die Arbeitslust, sie untergraben die Stimmung und torpedieren die Motivation. Jörg Müller schreibt wörtlich:
»Zunächst einmal müssen die negativen Einflüsterungen erkannt werden. In welchen Bereichen denke ich destruktiv und selbstabwertend? Welche Erfahrung steckt dahinter? Es gibt

nämlich eine Menge Lebenslügen, die meinen Erfolg zunichte machen und meine Fähigkeiten blockieren, zum Beispiel wenn ich immer wieder vorschnell denke:
Ich kann das nicht.
Mich mag keiner.
Ich muß perfekt sein.
Ich darf keine Schwäche zeigen.
Jetzt auf keinen Fall einen Patzer machen!
Das glaubt mir sowieso keiner.
Gott straft mich.
Was denken die Leute?
Ich habe mich unsterblich blamiert.
Das verzeiht mir keiner.
Nun ist bekannt, daß sich jede negative Regung im Körper niederschlagen kann. Ängste und Selbstwertkrisen führen zu hormonellen Über- oder Unterproduktionen, zu Alpträumen und gehäuften Fehlleistungen wie vergessen, versprechen, verhören und verschreiben, verlegen und vergreifen. Organe zeigen funktionelle Störungen. Der Kreislauf wird irritiert, die Haut schlägt aus, der Blutdruck geht hoch oder sackt ab, der Magen reagiert sauer, der Enddarm macht dicht, der Kopf schmerzt.«[56]
Lebenslügen können den ganzen Menschen schädigen. Sie beeinflussen seinen Antrieb, seine Motivationskraft, sein Denken und Handeln und seine Gesundheit. Lebenslügen lähmen auch das Glaubensleben.
- Glauben wir, daß Gott uns gebrauchen kann?
- Glauben wir, daß unsere Gaben und Talente, die er uns geschenkt hat, ausreichen?
- Glauben wir, daß Gott seine Kraft in uns mächtig werden lassen kann?
- Oder glauben wir, daß unsere Gaben und Fähigkeiten ein Tropfen auf den heißen Stein sind?
- Glauben wir, daß andere tüchtiger, besser, schneller und gründlicher sind als wir, und daß es keinen Zweck hat, gegen sie anzutreten?

Lebenslügen in Ehe und Partnerschaft

Lebenslügen begegnen uns auch in der innigsten und intimsten aller Beziehungen, der Ehe. In der Eheberatung, auch bei bewußten Christen, bin ich seit einigen Jahren zu der Feststellung gelangt: »Wenn Sie belogen werden wollen, arbeiten Sie als Berater und Seelsorger nur mit einem Partner.«

Wie ist das zu verstehen?
- Zwei Partner haben schwere Konflikte im Miteinander. Konflikte sind Zusammenstöße, die beide arrangiert haben. Konflikte werden von beiden produziert und aufrechterhalten.
- Jeder Partner deutet eine bestimmte Schwierigkeit aus seiner Sicht. Jeder sieht das Problem durch seine subjektive Brille. Jeder legt sich aufgrund seines Gewordenseins eine Erklärung für Streit und Zwist zurecht.
- Würde jeder den Standpunkt des anderen akzeptieren und ernst nehmen, gäbe es Reibungen, aber keine Zerstörung der Partnerschaft, gäbe es Meinungsverschiedenheiten, aber keine Infragestellung der Beziehung.

Lebenslügen in der Ehe sind also
- subjektiv gefärbte Lebenseinstellungen, die jeder für unverzichtbar richtig hält;
- Vorurteile, die die Betreffenden nicht aufgeben können und wollen;
- Schutzbehauptungen, die jeder der Beteiligten aufstellt, um in der Ehe nicht unterdrückt zu werden.

Lassen wir uns in Seelsorge und Beratung nur mit einem Partner ein, versucht er, uns seine Lebens- und Weltdeutung mitzuteilen und uns von *seinem* Leid, von *seiner* Angst, von *seiner* Enttäuschung und *seiner* Verzweiflung zu überzeugen. Die subjektiven Fehldeutungen rufen Krisen in der Ehe hervor. Der Seelsorger sollte alles daransetzen, beide Parteien zu hören.

Ein Beratungsbeispiel:
Eines Tages sucht mich eine Frau auf, verheiratet, drei Kinder. Sie ist etwa 40 Jahre alt. Ihr Problem ist in vier Kernsätzen, die sie mitteilt, korrekt umschrieben:
1. Satz: Ich bin mit meinen Kräften am Ende.
2. Satz: Ich bin für alles in unserer Familie verantwortlich.
3. Satz: Alles lastet auf meinen schwachen Schultern.
4. Satz: Ich bin das Aschenputtel in Reinkultur.
Aus dem Beratungsprozeß mit der Frau und dem Mann ergaben sich folgende Gesichtspunkte, die gekürzt wiedergegeben werden sollen.

Worin bestehen die Lebenslügen der Frau?

Lebenslüge 1: »Ich allein muß für die ganze Familie verantwortlich sein.«
Nein: Mann und Frau sind gleichermaßen für die Familie verantwortlich. Auch die Kinder übernehmen je nach Alter bestimmte Aufgaben und Pflichten. Wer führen will, hat bewußt oder unbewußt einen Partner gewählt, der sich führen läßt.

Lebenslüge 2: »Ich bin überzeugt, daß alles auf meinen schwachen Schultern ruht.«
Worin besteht die Selbsttäuschung? Die Frau macht den Mann und die Kinder verantwortungslos. Sie glaubt, der Mann kann nicht seine Verantwortung für die Familie wahrnehmen. Den Kindern traut sie nichts zu. Sie glaubt, alles gründlicher, zuverlässiger und korrekter erledigen zu können. Der Erfolg: Die Kinder und der Mann drücken sich.

Lebenslüge 3: »Ich bin unersetzlich.«
Sie hat diese Aussage nicht gemacht, sie handelt aber so. Die Überverantwortlichkeit der Frau lähmt und entmutigt die übrige Familie. Es leuchtet ein, daß sie mit ihren Kräften am Ende ist. Wer glaubt, unersetzlich zu sein, leidet an Größenwahn.

Worin bestehen die Lebenslügen des Mannes?
Ich habe seine Gegenargumente und seine Selbstrechtfertigungen im einzelnen weggelassen. Aber seine Lebenslügen möchte ich ins Licht heben.

Lebenslüge 1: »Meine Frau hat mir alles abgenommen.«
Nein. Zum »alles abnehmen« gehören zwei. Einer, der alle Verantwortung auf sich nimmt, und der andere, der sie abgibt. Zwei Partner spielen perfekt zusammen. Sie ergänzen sich wie zwei kommunizierende Röhren. Einer, der alles an sich reißt, und ein anderer, der gern losläßt, das ist das Geheimnis eines gut funktionierenden Zusammenspiels.

Lebenslüge 2: »Meine Frau hat aus mir einen Familientrottel gemacht.«
Nein, der Mann hat *zugelassen*, daß seine Frau aus ihm einen Familientrottel gemacht hat. Dem anderen die Alleinschuld zu geben, ist eine Lebenslüge. Jeder muß seinen Anteil sehen. Der Mann, der schon in der Ursprungsfamilie als jüngstes Kind von seiner Mutter und zwei älteren Schwestern verwöhnt worden war, ließ sich auch in der Ehe verwöhnen, versorgen und die Verantwortung abnehmen. Der Mann wollte nicht wahrhaben, daß er seinen alten Lebensstil aus der Kindheit problemlos in die Ehe hinübertransportiert hatte.

Lebenslüge 3: »Ich kann mit meiner Frau nicht mehr zusammenleben.«
Der Mann glaubt, daß für ein Zusammenleben der Eheleute kein Spielraum mehr besteht. Der Mann hat Angst, die Probleme seiner Ehe in Angriff zu nehmen. Schon in der Kindheit ist er vor Schwierigkeiten weggelaufen. Seit Kindertagen ist er ein Konfliktvermeider. Auch jetzt will er den Weg des geringsten Widerstandes gehen.

Diese Lebenseinsichten sind Lebenslügen. Denn beide machen deutlich, daß sie sich mal sehr geliebt haben und bewußt das besprochene Ehe-Zusammenspiel eingegangen sind. Sie führte, und er paßte sich an. Sie übernahm die Hauptverantwortung, und er stimmte ihr zu. Sie verwaltete das Geld, er dachte mit ihr über Sparen und Ausgeben nach. Seine Schwäche und Verantwortungslosigkeit spielten ihr im Laufe der Zeit immer mehr Macht und Kontrolle zu. Ihre Führungs- und Herrschaftsansprüche entmachteten zunehmend Mann und Kinder.

Es waren viele Gespräche nötig,
- um beide Partner von ihrem perfekten Hand-in-Hand-Spiel zu überzeugen,
- um beiden Partnern ihre Lebenslügen durchschaubar zu machen,
- um beiden zu helfen, Verantwortung abzugeben und zu übernehmen.

Lebenslügen führen ein zähes Dasein. Sie müssen *er*kannt und voreinander und vor Gott *be*kannt werden.

Denkanstöße

Was können wir tun, um mit Selbsttäuschungen, Selbstbetrug und mit Lebenslügen besser umgehen zu können? Wie können wir irrige Überzeugungen abbauen, damit unser Leben frei wird von Blockaden, von Bremsklötzen und sinnlos vergeudeten Energien?

Denkanstoß Nr. 1: Selbstannahme beinhaltet, ehrlich zu werden

Wer sich selbst annimmt, wie er ist, muß keine Fassade aufrechterhalten. Er muß sich nicht mehr belügen und betrügen. Der Mensch verzichtet als Christ darauf, sich etwas vorzumachen. Auch als Christ hat er es nicht nötig, sich besser zu machen, als er ist. Die andern dürfen ihm den »geistlichen

Puls« fühlen. Spielen wir allerdings die »Gerechten«, die »Moralischen«, die »Anständigen«, die »Fehlerlosen«, die »Saubermänner der Gemeinde«, haben wir unseren Lohn dahin. Jesus ist für Sünder gestorben, nicht für Perfektionisten. James Bryan Smith, der amerikanische Pastor einer christlichen Erneuerungsbewegung, hat recht, wenn er schreibt: »Wir brauchen uns nicht länger selbst zu belügen. Sobald wir mit dem Zöllner sagen: ›Gott, sei mir Sünder gnädig!‹ (Lukas 18, 13), sind wir vom Zwang zum Selbstbetrug befreit.

Wir brauchen kein Make-up mehr aufzulegen, um Gott besser zu gefallen … In vielen Kirchen haben die Menschen keine Gemeinschaft miteinander, weil sie sich schämen zuzugeben, daß sie krank sind. Wenn wir zu wirklicher Gemeinschaft kommen wollen, müssen wir als erstes lernen, die Wahrheit über uns selbst zuzugeben.«[57]

Pastor Smith trifft den Nagel auf den Kopf:

- Wir schämen uns zuzugeben, daß wir krank sind.
- Wir schämen uns zuzugeben, daß wir keine reine Weste haben.
- Wir schämen uns zuzugeben, daß das »Biest in uns« größer ist, als wir wahrhaben wollen.
- Wir schämen uns zuzugeben, daß unsere Selbstrechtfertigungen und Rationalisierungen ein teuflisches Make-up beinhalten.

Vor den anderen, vor den Schwestern und Brüdern und vor dem lebendigen Gott machen wir uns fleckenloser, als wir sind.

Denkanstoß Nr. 2:
Stellen Sie sich Ihren Selbsttäuschungen!

Im Psalm 32, 2 steht ein überzeugender Gedanke, der in verschiedenen Übersetzungen so lautet: »Wohl den Menschen, denen der Herr die Schuld nicht zurechnet; in dessen Geist keine Selbsttäuschung wohnt.« Andere Übersetzungen:

»… in dessen Geist kein *Falsch* ist«,
»… in dessen Geist kein *Trug* ist«,
»… in dessen Geist kein *Selbstbetrug* wohnt«.

Der Psalmist besaß eine gute Menschenkenntnis. Er wußte, daß wir Menschen uns etwas vormachen. Er wußte, daß wir Menschen uns selbst täuschen. Wozu tun wir das? Was wollen wir damit bezwecken? Welche Ziele, die wir gern vor unserem Bewußtsein im Dunklen halten, verfolgen wir damit? Wie lauten die verborgenen, die unverstandenen Absichten? Ein paar Möglichkeiten:

Möglichkeit 1: Der Mensch flieht vor der Wirklichkeit

Die Realität kann er nur schwer ertragen. Die Umstände, der Druck, die Verhältnisse sind in seinen Augen belastend. Er flieht in die Arbeit, in den Alkohol, in die Zerstreuung.

Möglichkeit 2: Die andern sind schuld

Die meisten Menschen verstehen es meisterhaft, die eigene Schuld zu übersehen und die Schuld den anderen in die Schuhe zu schieben. Eltern erleben das in der Kindererziehung. Die Kinder streiten. Schreie gellen durchs Haus. Die Mutter jagt die Treppe hoch, reißt die Tür auf und stellt die berühmte Frage: »Wer hat angefangen?« Wenn Sie belogen werden wollen, müssen Sie nur diese Frage stellen. Jedes Kind hat eine Ausrede bereit. Diese kapitale Sünde begann sofort im Paradies. Adam hält seinen Kopf nicht hin und schiebt Eva und Gott die Schuld in die Schuhe. Adam glaubt seiner Lüge. Eva geht es nicht anders. Sie schiebt die Schuld auf die Schlange. »Lügen, die wir glauben.« Diese Sünde sitzt uns seit Adam und Eva tief im Blut.

Möglichkeit 3: Der Mensch will nicht entblößt werden

Er fürchtet um seinen Ruf. Sein Image darf nicht angetastet werden. Am liebsten möchte er mega-rein erscheinen. Was tut er? Er rationalisiert und legt sich Gründe zurecht, an die er glaubt. Das Gefährliche: im Tiefsten ist er von seinen Begründungen überzeugt. Er lügt sich in die eigene Tasche. Rationalisierungen sind Selbstschutzbehauptungen. Es sind Rechtfertigungen. Wohl den Menschen, die ihre Selbsttäuschungen vor sich selbst, vor den anderen und vor dem lebendigen Gott *er*kennen und *be*kennen,

- die ihren Selbstbetrug wahrnehmen,
- die ihre Rationalisierungen nicht verschönen,
- die ihre Ausreden beim Namen nennen,
- die ihre Selbstschutzbehauptungen aufgeben.

Dazu gehören Mut und rückhaltlose Ehrlichkeit.

Denkanstoß Nr. 3: Die Gegenwart ist die Vergangenheit von morgen

Wer die Einflüsse der Vergangenheit überbewertet, macht sich ohnmächtig. Unsere Vorstellungen bestimmen unser Handeln in der Gegenwart. Unsere Gedanken kontrollieren unser Tun. Wer resignierende Gedanken pflegt, gibt auf. Wer ein seelisch gestörtes Verhalten eingeübt hat, *glaubt*, daß er es beibehalten muß. Wer diesen Selbsteinreden vertraut, sitzt einer schweren Lebenslüge auf. Er praktiziert das Motto: »Sollen mir doch die Finger abfrieren, warum hat mir mein Vater keine Handschuhe gekauft!« Selbstindoktrinationen lähmen den Mut für heute. Selbstindoktrinationen untergraben die Hoffnung, von der wir Christen leben, den Alltag in der Gegenwart völlig umzugestalten.

Wer die Gegenwart in seinem Namen und in seiner Kraft neu gestaltet, blickt morgen und übermorgen in eine veränderte Vergangenheit. Paulus hat es präzise formuliert: »Wer zu Christus gehört, ist ein neuer Mensch geworden. Was er früher war, ist vorbei; etwas ganz Neues hat begonnen« (2. Korinther 5, 17).

Wer als Christ sich der Macht der Vergangenheit überläßt, glaubt nicht an die innewohnende Kraft des Heiligen Geistes. Er schaut zurück und läßt sich von Einflüssen der Vergangen-

heit hypnotisieren. In der Tat: Die Gegenwart, wie ich sie gestalte, und zwar in seinem Namen, die Gegenwart, wie ich sie in Angriff nehme, die Gegenwart, der ich zupackend, vertrauensvoll und mutig begegne, ist die Vergangenheit von morgen.
In den Sprüchen heißt es: »Der Mensch hält alles, was er tut, für richtig; Gott aber prüft die Beweggründe« (Sprüche 16, 2). Die Bibel hat recht: Wir halten unsere Überzeugungen, unsere Wege und unsere Lebensentscheidungen für richtig. Wir glauben an unsere Vorurteile. Gott aber prüft die Motive, die Beweggründe, die versteckten Absichten. Haben wir den Mut, sie überprüfen zu lassen? Gott schenkt Wollen und Vollbringen, wenn wir uns IHM zur Verfügung stellen. Wer resigniert (*resignare* = eine Unterschrift widerrufen, einen Vertrag rückgängig machen), hat seinen Vertrag mit Jesus rückgängig gemacht. Er vertraut den Erziehungseinflüssen und den Traumatisierungen von damals mehr als dem Wort Gottes. Er schaut zurück und will seine Lebenslügen beibehalten. Er bleibt in der Vergangenheit und hält sich an seinen Selbsttäuschungen fest.

Denkanstoß Nr. 4:
Befreiung von der Lebenslüge, sich selbst produzieren zu müssen

Eberhard Jüngel, Professor für systematische Theologie in Tübingen, hat genau diese Zwischenüberschrift gewählt, als er einen Beitrag schrieb über Europa. Das Evangelium von der Rechtfertigung der Gottlosen ist die zentrale Wahrheit des christlichen Glaubens. Ohne Rechtfertigung durch Christus ist der Mensch verloren. Eberhard Jüngel prangert eine Lebenslüge an, die den Menschen im Griff hat.
»Die Wahrheit des Evangeliums ist deshalb eine befreiende Macht, weil sie in der Kraft des Heiligen Geistes die *Lebenslügen* aufdeckt und zerreißt, mit denen wir uns selbst belügen

und zu gern auch betrügen und betrügen lassen. Die penetranteste unter allen Lebenslügen ist dabei nach reformatorischem Verständnis die große Selbsttäuschung, der Mensch könne durch sein eigenes Tun zu sich selbst kommen, er könne durch seine moralischen Anstrengungen den Sinn seines Daseins selbst produzieren. Die abendländische Philosophie hat ihrerseits kräftig an dieser Lebenslüge gesponnen und die Selbsterzeugung des Menschen als humanistisches Ideal ausgegeben. Und so verfällt eine ganze Gesellschaft der Lebenslüge, der Mensch sei nichts anderes als die Summe seiner Taten.«[58]

Arbeit wird in der Bibel nicht diskreditiert. Aber sie wird nicht zum Sinn des Lebens hochstilisiert. Wer in der Arbeit, im Erfolg, in der Karriere und in der Selbstproduktion den Sinn seines Lebens erkennt, hat den Sinn des Lebens verkannt. »Arbeit ist das Salz des Lebens«, sagt ein Sprichwort. Arbeit ist also ein wesentliches Zubehör, ein unentbehrliches Lebensmittel, aber die Arbeit ist nicht alles.

Die »Summe seiner Taten« kann den Menschen nicht retten. Viele wissen es, handeln aber so, als ob nur gute Taten und ein unermüdliches Abrackern den Menschen retten können. Arbeit schafft eine gewisse Befriedigung, aber sie beinhaltet keine umfassende Lebenserfüllung.

Denkanstoß Nr. 5:
Betrachten Sie Ihre Mißgeschicke unter dem Blickwinkel der Ewigkeit!

Menschen im Angesicht des Todes gewinnen eine völlig andere Perspektive. Kleine Mißgeschicke, vergossene Milch, vergessene Geldbörsen, zerbrochenes Geschirr, wirken lächerlich, wenn Menschen dem Tod ins Angesicht schauen. Oder schalten Sie den Fernseher ein und hören Nachrichten. Da ist vom Flüchtlingsstrom in Afrika die Rede. Menschen schleppen ihr einziges Hab und Gut auf dem Kopf oder tragen es an Händen. Führt der Weg in die Freiheit oder in den Tod? Ob

diese Menschen sich über kleine Mißgeschicke ärgern und ihre Seele strapazieren?
Oder ich denke an die Frau in der Beratung, die mit starken Depressionen zu tun hatte. Sie litt darunter, daß ihr Mann wenig Zeit für sie hatte. Dann mußte sie plötzlich für einige Wochen ins Krankenhaus. Zwei Krebsoperationen wurden notwendig, die lebensbedrohlich waren. Sie fühlte sich, als sie das Krankenhaus verließ, dem Leben zurückgegeben. Ihre Depressionen waren völlig verschwunden. Der Sinn ihres Daseins hatte eine andere Perspektive gewonnen.
Eine kleine Episode ist mir von meiner Mutter in guter Erinnerung geblieben. Wir feierten das Weihnachtsfest. Meine Frau und ich verbrachten die Feiertage im elterlichen Haus. Meine Mutter hatte aus einer Erbschaft eine wunderschöne sandfarbene Sitzgarnitur aus Velour geschenkt bekommen. Meine Frau steckte über dem Sofa eine Kerze an, und das heiße Wachs ergoß sich über die Sitzfläche. Sie war erschrocken und schämte sich, es meiner Mutter beichten zu müssen. Als meine Mutter ins Wohnzimmer kam und meine Frau ihr den Schaden zeigte und sich vielmals entschuldigte, nahm meine Mutter meine Frau in den Arm und sagte lächelnd: »Charlotte, das ist nur ein Weltschaden.« Ich werde diesen Satz nie vergessen. Im Hinblick auf die Ewigkeit sind solche Unfälle nicht der Rede wert.
Wie sagte Angelus Silesius: »Mensch, werde wesentlich!«
Unterscheide zwischen
- Vorläufigem und Endgültigem,
- zwischen Vorletztem und Letztem,
- zwischen Unwesentlichem und Wesentlichem.

Wer Unwesentliches dramatisiert, hat Wesentliches nicht begriffen. Eine Lebenslüge hat uns fest im Griff.

Denkanstoß Nr. 6:
Einsicht ist gut, Gesinnungsänderung ist besser

Einsicht ist der erste Schritt zur Besserung. Ohne Einsicht geschieht nichts. Einsicht hat mit einsehen zu tun.
Wer seine Schuld einsieht, hat sie noch nicht ernsthaft bereut.
Wer seine Fehler einsieht, hat sie noch nicht korrigiert.
Wer seine Alkoholsucht einsieht, hat noch keine Schritte zur Umkehr vollzogen.
Wer seine Selbsttäuschungen bejaht, hat sie noch lange nicht abgelegt.
Selbstbetrug, Selbsttäuschungen und Lebenslügen haben ein zähes Leben.
Eigentlich sollten wir den Selbstbetrug aufgeben, uneigentlich tun wir es aber nicht. *Eigentlich* sollten wir selbst den Kopf hinhalten und nicht die Schuld auf andere schieben, auf Dritte oder gar auf den lebendigen Gott. *Eigentlich* sollten wir viel ehrlicher sein, vor uns selbst, vor anderen und vor Gott, uneigentlich tun wir es nicht. Der »alte Adam« und die »alte Eva« haben uns vorgemacht, wie wir mit Lebenslügen umgehen. Wollen wir ihre Praktiken hochhalten?
Spurgeon berichtete von einem Prediger, der über den Text gepredigt habe: »Der Träge brät nicht, was er auf der Jagd gefangen hat.« Der Redner lehnte sich aufs Kanzelbrett und sagte: »Nicht wahr, meine Brüder, das war ein fauler Strick! Er ging auf die Jagd und fing nach langer Mühe einen Hasen, war aber zu faul, ihn zu braten. Aber ihr seid auch nicht besser als dieser Mann. Ihr hört, daß ein fremder Prediger in die Stadt gekommen ist. Ihr spannt den Wagen an, ihn zu hören. Aber wenn ihr die Predigt gehört habt, dann lernt ihr nichts daraus. Wenn ihr nämlich eine Predigt gefangen habt, kommt das Braten der Predigt. Steckt den Spieß des Gedächtnisses durch von einem Ende zum andern, dreht ihn auf dem Bratenwender des Nachdenkens und auf dem Feuer eines warmen, aufrichtigen Herzens. So wird die Predigt zubereitet zur geistlichen Speise.«

Zuhören ist eine gute Sache, aber beileibe nicht alles. Die Bereitschaft, für die Botschaft offen zu sein, ist ein erster Schritt. Denn Hören allein macht nicht selig. Jesus sagt: »Tue das, so wirst du leben« (Lukas 10, 28).
Er sagt nicht, bewältige das mit deinem Verstande, halte das für wahr, laß dir das mal durch den Kopf gehen. Er sagt: »Tue das!« Welche Lebenslügen haben Sie in Ihrem Leben erkannt? Sind Sie bereit, sie ernsthaft zu korrigieren?

Selbsterforschungsfragebogen

Fragen zur Selbstanalyse
1 = stimmt genau
7 = stimmt überhaupt nicht

	1	2	3	4	5	6	7
Ich muß perfekt sein.							
Alle müssen mich liebhaben.							
Es ist leichter, Problemen auszuweichen, als sich ihnen zu stellen.							
Ich kann nicht glücklich sein, wenn nicht alles nach meinen Vorstellungen geht.							
Mein Unglücklichsein hat äußere Ursachen.							
Man kann alles haben.							
Man ist nur soviel wert wie seine Leistung.							
Das Leben sollte leicht sein.							
Das Leben sollte fair sein.							

	1	2	3	4	5	6	7
Man sollte nicht auf etwas warten müssen, was man möchte.							
Die Menschen sind im Grunde gut.							
Mein Ehepartner ist an meinen Eheproblemen schuld.							
Wenn es mit unserer Ehe so schwierig ist, passen wir nicht zusammen.							
Mein Ehepartner sollte alle meine Bedürfnisse erfüllen.							
Mein Ehepartner ist mir etwas schuldig für das, was ich für ihn getan habe.							
Ich sollte meine Persönlichkeit nicht verändern, um meine Ehe zu verbessern.							
Mein Ehepartner sollte sein wie ich.							
Ich mache oft aus einer Mücke einen Elefanten.							
Ich nehme oft Dinge persönlich.							
Ich sehe die Dinge schwarz-weiß.							
Ich sehe oft den Wald vor lauter Bäumen nicht.							
Ich beurteile Dinge oft eher nach Gefühlen als nach Tatsachen.							
Gottes Liebe kann man sich verdienen.							
Gott haßt die Sünde und den Sünder.							
Gott wird mich vor allem Übel bewahren.							

	1	2	3	4	5	6	7
Alle meine Probleme werden durch meine Sünden verursacht.							
Es ist Christenpflicht, alle Bedürfnisse anderer zu erfüllen.							
Schmerzliche Emotionen wie Zorn, Depressionen und Sorge sind Zeichen dafür, daß mein Vertrauen in Gott schwach ist.							
Gott kann mich nur gebrauchen, wenn ich geistlich stark bin.							

Hinweise für den Fragebogen

1. Versuchen Sie spontan und ehrlich die 29 Aussagen zu beantworten. Kreuzen Sie die Note an (1-7), die Ihren Vorstellungen am ehesten entspricht.
2. Besprechen Sie mit Ihrem Partner, Ihrem Freund oder Ihrer Freundin bzw. mit einem Gemeindeglied Ihre Anstreichungen.
3. Welche Aussagen differieren von Ihrem Gegenüber am meisten? Worauf führen Sie das zurück?
4. Wie begründen Sie menschlich und geistlich Ihre Aussagen?
5. Welche Einflüsse im Elternhaus haben Sie geprägt? Welche Überzeugungen sind auf welche Weise in Ihrem Leben zustande gekommen?

Die Fragen sind dem Buch von Chris Thurman »Lügen, die wir glauben«, Verlag Schulte + Gerth, entnommen worden. In dem Buch werden über 30 Lügen, die wir Christen für wahr halten, angeführt.

Es ist hilfreich, alle Aussagen, die Sie angestrichen haben, noch einmal unter biblischen Gesichtspunkten zu überprüfen. Hat Thurman recht, oder sind seine Behauptungen übertrieben?

Versuchen Sie einmal, sich *nicht* zu rechtfertigen!

Literaturhinweise

1 Andreas Ebert/Richard Rohr u. a., Erfahrungen mit dem Enneagramm, Claudius Verlag, München ^{2}1992, S. 18.

2 Charles Swindoll, Von Riesen bedroht – von Dornen geplagt, Francke-Buchhandlung, Marburg, S. 35 f.

3 Arnold Lazarus/Allen Frey, Ich kann, wenn ich will, Verlag Klett-Cotta, Stuttgart 1979, S. 51.

4 Neil Clark Warren, Wohin mit meiner Wut?, Schulte + Gerth, Aßlar ^{2}1995, S. 13.

5 Rolf Degen. In: Psychologie heute, 5/1994, S. 52 ff.

6 Gerd Schimansky, In: Lebendige Familie 6/1981.

7 William Barclay, Matthäusevangelium 2, Aussaat Verlag, Wuppertal, S. 169.

8 Vgl. Neil Clark Warren, a. a. O., S. 144 ff.

9 Richard Rohr/Andreas Ebert, Das Enneagramm, Claudius Verlag, München 1989, S. 54 f.

10 Richard Rohr, a. a. O., S. 56.

11 Gert von Kunhardt, Keine Zeit und trotzdem fit, Brendow Verlag, Moers 1993, S. 14f.

12 Heiko Ernst/Lewis Thoman, Das Phantom Gesundheit. In: Psychologie heute, 1/1991, S. 20 f.

13 In Psychologie heute, a. a. O., S. 21.

14 In Psychologie heute, 10/1987, S. 14.

15 Gustav G. Tobler. In: Leben und Gesundheit, 1/1992, S. 11.

16 Erwin Scharrer, Heilung des Unbewußten, Francke-Buchhandlung, Marburg 1995, S. 21.

17 Wilhelm Hehlmann, Wörterbuch der Psychologie, Alfred Kröner Verlag, Stuttgart 1965, S. 227.

18 Jürg Willi, Koevolution, Rowohlt Verlag, Hamburg 1985, S. 24.

19 Heiko Ernst/Lewis Thomas, a. a. O., S. 20 ff.

20 Aus: Med Ichthys Rundbrief 1/1995, S. 6.

21 Lothar Zenetti, In: Offensive junger Christen, 4/1996, S. 224.

22 Neukirchener Abreißkalender, 8. Februar 1989.
23 Gert von Kunhardt, a. a. O., S. 118.
24 Ernst Lange, Von der Meisterung des Lebens, Burckhardhaus Verlag, Gelnhausen, 1957, S. 256.
25 Aus: Frau und Mutter, 1/1989
26 Bernhard H. Shulman, Individualpsychologische Schizophreniebehandlung, Ernst Reinhardt Verlag, München / Basel, S. 40.
27 GEO, 2/1996, S. 25 ff.
28 David Seamands, Heilung der Gefühle, Francke-Buchhandlung, Marburg ²1986, S. 66 f.
29 Hans Selye/Fred Kerner, Streß bedrohnt unser Leben, Goldmann Verlag, München, S. 85.
30 Richard Rohr/Andreas Ebert, a. a. O., S. 54.
31 David Seamands, Heilende Gnade, Francke-Buchhandlung, Marburg 1990, S. 147 f.
32 Horst-Eberhard Richter, Der Gotteskomplex, Rowohlt Verlag, Hamburg-Reinbek 1990, S. 5.
33 Richard Rohr/Andreas Ebert, Das Enneagramm, a. a. O., S. 49 f.
34 David Stoop, Der Perfektionist in mir, Francke-Buchhandlung, Marburg 1993, S. 47 f.
35 Don Richard Riso, Die neun Typen der Persönlichkeit, Knaur-Verlag, München 1989, S. 269 f.
36 Heinz L. Ansbacher/Rowena (Hrsg.), Alfred Adler, Individualpsychologie, Ernst Reinhardt-Verlag, München-Basel 1972, S. 226.
37 Helmut Thielicke, Wie die Welt begann, Quell-Verlag, Stuttgart 1963, S. 105.
38 William Barclay, Brief des Jakobus/Brief des Petrus, Aussaat Verlag, Wuppertal, S. 49.
39 Reinhold Ruthe, Ich frage Jesus, Aussaat Verlag, Wuppertal, S. 369.
40 Ulrich Parzany, Wozu Gott?, Brendow Verlag, Moers 1988, S. 55 f.
41 Igor Caruso, Zur Psychologie der Morphiumsucht. In: Internationale Zeitschrift für Individualpsychologie, 1943, S. 161.
42 Gerard J. M. van den Aardweg, Das Drama des gewöhnlichen Homosexuellen, Hänssler Verlag, Neuhausen-Stuttgart 1985, S. 407.
43 Susan R. Wahlen/Raymond Di Duiseppe/Richard L. Wessler, RET-Training, Pfeiffer-Verlag, München 1982, S. 130 f.

44 Rudolf Dreikurs, Soziale Gleichwertigkeit, Klett-Verlag, Stuttgart 1972, S. 36 f.
45 Rudolf Dreikurs, a. a. O., S. 37.
46 Elisabeth Lukas, Psychologische Seelsorge, Herder Verlag, Freiburg 1985, S. 234.
47 Nosrath Pesesch Kian, Der Kaufmann und der Papagei, Fischer Taschenbuch, Frankfurt a. M. 1980, S. 11.
48 James Bryan Smith. In: Aufatmen, 1/1997, S. 25 ff.
49 Chris Thurman, Lügen, die wir glauben, Schulte + Gerth, Aßlar 1991, S. 11.
50 Richard Rohr/Andreas Ebert, Das Enneagramm, a. a. O., S. 19.
51 Richard Rohr/Andreas Ebert, Das Enneagramm, a. a. O., S. 31.
52 William Barclay, Begriffe des Neuen Testamentes, Aussaat Verlag, Wuppertal 1979, S. 89 ff.
53 Paul Meier, Ab heute wehre ich mich, Francke-Buchhandlung, Marburg 1995, S. 187.
54 Chris Thurman, a. a. O., S. 17.
55 Jörg Müller/Dieter Strauß, Selbsterkenntnis und Menschenführung, Betulius Verlag, Stuttgart 1996, S. 25.
56 Jörg Müller/Dieter Strauß, a. a. O., S. 24.
57 James Bryan Smith. In: Aufatmen, a. a. O., S. 26.
58 Eberhard Jüngel, Verantwortung für Europa in evangelischer Sicht. In: Akzente Almanach 1993, Brendow Verlag, Moers 1992, S. 31 f.

Stichwortverzeichnis